# Bei Licht betrachtet

## Mein anderer Blick
## auf biblische Texte

Leo Petersmann

Foto Rückseite: picture-alliance / OKAPIA KG, Germany / Manfred Pforr / Mediennummer: 10479300

Bibliografische Information der Deutschen Nationalbibliothek: Die Deutsche Nationalbibliothek verzeichnet diese Publikation in der Deutschen Nationalbibliografie; detaillierte bibliografische Daten sind im Internet über dnb.dnb.de abrufbar.

© 2023 Leo Petersmann, 3. ergänzte Auflage 2025
Verlag: BoD · Books on Demand GmbH, Überseering 33,
22297 Hamburg, bod@bod.de
Druck: Libri Plureos GmbH, Friedensallee 273, 22763 Hamburg

ISBN: 978-3-7392-2379-7

# Übersicht

## Wie es anfing

Ganz früh hat in meinem Leben angefangen, worüber ich hier nachdenke. Als ich vier oder fünf Jahre alt war, stand unter dem Weihnachtsbaum plötzlich ein Stall mit Figuren. Meine Mutter hatte sie z.T. selbst gemacht aus alten bunten Gardinen. Überraschend und hübsch. Weihnachten – wie üblich im Stall.

Als ich in der Oberschule war, vielleicht mit 15, bekam ich mit, dass meine Mutter in der Bibelstunde mit dem Thema Auferstehung beschäftigt war. Auf die Frage, was sie daran interessiert, sagte sie: Ich möchte gern wissen, was jetzt mit meinem gestorbenen Mann ist. Bei meinem späteren Nachdenken habe ich also unbemerkt auch Mutters Fragen bearbeitet. Denn das Thema Auferstehung fiel mir im Studium zweimal vor die Füße, in einer Seminararbeit und einer Examensarbeit. Damit hatte ich jeweils große Mühe, habe es aber geschafft, dem zu folgen, was mir selbst einleuchtete.

Mit etwa 45 Jahren habe ich an einem kleinen Evangelium für Kinder gearbeitet, für das ich monatelang bis in die Nacht am Schreibtisch saß. Ich konnte nicht ins Bett gehen, weil das Thema mich fesselte und obwohl meine Freundin es bedauerte. Auf ihre Frage, was mir daran so wichtig ist, sagte ich: Ich möchte gern verstehen, wie es war. Ihre Antwort: Denkst du denn, du kannst herausfinden, was 2000 Jahre unklar geblieben ist? Die Antwort hat mich wohl eher angetrieben. Heute bin ich überzeugt: Ja, das ist möglich.

Vielleicht musste ich erst den Ort verlassen, an dem ich fast 30 Jahre für Fortbildung in der Kirche gearbeitet habe, um mich mit dem Überkommenen kritisch auseinandersetzen zu können. Am neuen Ort habe ich vier Jahre gebraucht, um die Themen zu bearbeiten, die mir wichtig waren. Drei habe ich gründlicher bedacht: Weihnachten, Passion und Ostern. Nach meiner Einschätzung sind alle drei seit Beginn des Christentums jeweils mit einem Irrtum verbunden, der auf der Hand liegt, der aber trotzdem wie selbstverständlich zur Grundlage der kirchlichen Denk- und Bilderwelt geworden ist. Ich freue mich, dass es mir gelungen und geschenkt ist, aus meiner Sicht zur Klarheit beizutragen.

## Was dich hier erwartet

Wenn ich unterwegs bin in der Bibel oder in der Kirche, dann stolpere ich manchmal und bin irritiert. An manchen Stellen schon seit langer Zeit. Ich habe mich daran gewöhnt und denke: Das ist hier eben so. An anderen Stellen habe ich versucht, das Stolpern zu verstehen: Was stört mich da? Öfter habe ich eine Erklärung oder eine neue Sicht gefunden. Dann hat die Irritation sich gelohnt und aufgelöst.

Ich habe gemerkt, diese Art Stolpern erleben auch andere. Es kann natürlich sein, dass etwas, was mich irritiert, für andere gar kein Problem ist. Oder dass meine Erklärung anderen gar nicht einleuchtet. Wenn aber meine Gedanken dazu beitragen, dass du manchmal an früheren Stolperfallen locker vorbeigehst, dann freue ich mich.

Es hilft mir beim Verstehen, wenn ich einen Bibeltext als Haltepunkt auf einem Weg von Wandlungen sehe. Ich denke, jeder Text hatte einen Ursprung, wie der Keimling eines Baumes, den kennen wir aber nicht mehr: Ein Erlebnis mit einem oder mehreren Beteiligten hat sie berührt, und darum haben sie es weiter und weiter erzählt. Dabei hat es sich verändert und erweitert wie ein Baum. Das ursprüngliche Erlebnis ist darin als Kern erhalten, aber nicht mehr in der Form, in der es sich ereignet hat.

Viele Jahre später haben einige diese erzählten Geschichten aufgeschrieben. Vielleicht dachten sie, sonst gehen sie mit der Zeit verloren oder werden immer fantastischer. Dabei ist der Baum weiter gewachsen. Anscheinend haben Matthäus und Lukas das Markus-Evangelium gekannt und als Vorlage benutzt. Wir können also sehen, was sie beibehalten, weglassen, verändert oder hinzugefügt haben. Auch spätere Abschreiber haben die Texte um Worte, Sätze oder Abschnitte erweitert: Zuwächse.

Über Jahrhunderte blieb dann umstritten, welche Bücher endgültig zur Bibel gehören sollen und welche nicht. Das veränderte jeweils die Aussage des Ganzen. Diese Diskussion ist erst mit der Reformation zum Ende gekommen. Doch bis heute unterscheiden sich die evangelische und die katholische Bibel.

Ein weiterer Wachstumsschub betrifft nicht die Buchstaben des Textes, sondern seine Wahrnehmung. Es gibt Auslegungen, die sich als Wiedergabe des Textes verstehen, die aber (nach meiner Überzeugung) nicht auf dem Text beruhen, sondern hineingelesen sind. Bekanntestes Beispiel ist der separate Stall als Geburtsort Jesu. Ähnlich ist es mit allen Übersetzungen. Sie können nie 1:1 den ursprünglichen Text in eine andere Sprache übertragen. Also enthalten sie immer auch Veränderungen. Die späteren Dogmen berufen sich auf die Bibel, gehören aber nicht zu ihr und wollen festlegen, wie sie verstanden werden soll. Auch diese Deutungen verändern die Wahrnehmung des Textes.

Manche Themen beschäftigen mich schon lange. Ich beschreibe Einsichten, die ich bisher dazu gefunden habe und danke Irene Franke-Atli und Hans-Joachim Reddig herzlich für ihre Unterstützung dabei:

1. Die Sonne stand still — Wunder
2. Und Gott sprach — Gottes Wort
3. Alles war sehr gut — Schöpfung
4. Der als erster Gewalt übte — Gewalt
5. Herausgeführt — Befreiung
6. Eine neue Zeit — Weihnachten
7. Der unscheinbare Retter — Weihnachten
8. Wurde Gott Mensch? — Irdischer Jesus
9. Untergetaucht im Jordan — Taufe Jesu
10. Bist du Gottes Sohn? — Verbindung mit Gott
11. In den Himmel kommen — Gottes Reich
12. Vertrauen rettet — Heilung
13. Geschichten auf dem Weg — Beispiele
14. Das Schwert im Jüngerkreis — Gewalt
15. Gestorben für unsere Sünden — Karfreitag
16. Zum Osterfest — Ostern
17. Am dritten Tage auferstanden? — Ostern
18. Auferweckung — Ostern
19. Wer ist dieser? — Bekenntnisse

# 1. Die Sonne stand still

Im Josua-Buch wird erzählt: „Da stand die Sonne still" (Jos. 10,13). Der Erzähler beteuert es nachdrücklich und nennt zur Bestätigung ein Buch, in dem es nachzulesen ist. Für ihn ist das eine Tatsache, wenn auch eine ungewöhnliche. So groß ist unser Gott, will er sagen. Eine fundamentalistische Deutung nimmt das Gesagte ebenfalls als Tatsache: Ja, so groß ist Gott, er kann solche Wunder tun.
Im Licht unserer Kenntnis von Erde und Leben wissen wir aber: Die Sonne (bzw. die Erde) stand damals so wenig still wie heute. Wie kommt es dann zu solchem erstaunlichen Satz? Wir kennen das bis heute: Wenn mich etwas intensiv beschäftigt und ich ganz viel schaffe, dann verliere ich manchmal das Zeitgefühl, als würde die Zeit stehen bleiben. Für die Israeliten, die erfolgreich ihre Feinde verfolgten, dehnte sich der Tag. Der Erzähler hat aber das subjektive Empfinden als objektiven Sachverhalt dargestellt und die Aussage nicht als Metapher verstanden.

Ein weiteres Beispiel: Im Jeremia-Buch (der Prophet Jeremia lebte um 600) erinnert Gott an Worte, „die ich euren Vätern gebot an dem Tage, als ich sie aus Ägyptenland führte, aus dem glühenden Ofen" (Jer.11,4). Im Daniel-Buch (entstanden um 150) sagen die bedrohten Juden zum König Nebukadnezar von Babylon: „Siehe, unser Gott, den wir verehren, kann uns erretten aus dem glühenden Feuerofen." (Dan.3,17) Der wird ihnen angedroht, wenn sie nicht das Bild des Königs anbeten. Aus dem bildhaften Vergleich wird eine Geschichte, wie drei standhafte jüdische Männer aus einem glühenden Ofen errettet werden. Die Metapher wird entfaltet zur Erzählung bzw. verdinglicht zum Sachverhalt.

So können wir heute manches klarer sehen als frühere Erzähler, die das Überlieferte aufgeschrieben oder ihm neue Aspekte hinzugefügt haben. Im Licht unseres Wissens von Natur, Geschichte und Textentstehung stellt sich uns manches anders dar, als es auf den ersten Blick erscheint. Manche Texte bekommen bei Licht betrachtet einen neuen, vielleicht auch überzeugenden Sinn. Allerdings nur, wenn wir uns trauen, gewohnte Narrative hinter uns zu lassen. Ich habe öfter erlebt, dass in der Tradition verwurzelte Menschen – ob Amtspersonen oder nicht – ängstlich waren, die gewohnten Denkwege zu verlassen, oder auch entschlossen waren, auf ihnen zu bleiben. Und das bedeutete, Unklares lieber als „Geheimnis" im Dunkeln zu lassen. Das kann man ja machen. Ich verstehe es. Ich spüre die Anziehungskraft des gemeinsam Vertrauten und lange Gültigen. Aber es ist nicht mein Weg. Ich möchte Klarheit, und ich möchte ehrlich überzeugt sein. Darum will ich hier manche Texte und Überzeugungen bei Licht betrachten.

Gibt es Wunder? Natürlich. Die Welt, unser Leben ist voller Wunder. Nur sind das nicht unerklärbare Dinge, sondern oft unverstandene, unerwartete, erstaunliche – einfach alles, über das ich mich wundern kann. Daneben gibt es die Gewohnheit, wunderbare Erfahrungen als wunderhafte Sachverhalte darzustellen. Manchen leuchtet das ein, anderen nicht.

## 2. Und Gott sprach

Mose und die Propheten haben immer wieder Gottes Worte an sein Volk übermittelt. Diese Worte haben es geprägt, und es hat in Zustimmung und Ablehnung darauf geantwortet. So wurde in einer Jahrhunderte langen Geschichte das Volk zum Geschöpf von Gottes Wort. Und schließlich konnte jemand sich sogar die Schöpfung der Welt durch Gottes Wort vorstellen. Und Gott sprach: „Es werde Licht!" Und es ward Licht.
Hat Gott das gesagt? Welche Art von Wirklichkeit hat diese Aussage? Die fundamentalistische Deutung nimmt den Satz als Tatsache: Ja, das hat er gesagt. Darum gibt es das Licht.
Die literarische Deutung nimmt den Satz als Erzählung. Wenn ich höre: „Es war einmal ein König", dann weiß ich, jetzt öffnet sich ein Vorhang. Und wie auf einer Bühne erlebe ich etwas, was nicht meine Alltagswelt ist, sondern eine eigene Welt mit eigenen Regeln, in die ich mich im Hören hineinbegeben kann. Die große Erzählung der Bibel und der Schöpfung beginnt mit dem Satz: „Am Anfang schuf Gott Himmel und Erde." Und er sprach …, und sprach …, und sprach.
Die Schöpfungs-Erzählung ist etwa 2500 Jahre alt und stammt aus einer Zeit, in der ein Teil des Volkes Israel deportiert in Babylonien lebte. Der Tempel lag zerstört in der Ferne. Wie sollten sie jetzt Zugang zu ihrem Gott finden, der im Tempel wohnte? Ein Zugang waren ihre Propheten, die vor jeder Botschaft sagten: „So hat Gott zu mir gesprochen"; ein anderer die gesammelten Überlieferungen aus der Zeit der Entstehung des Volkes, die Gottes Worte und Weisungen für das alltägliche Leben enthielten.

Eine ganz andere Sicht begegnet uns in der Elia-Geschichte: Sie beschreibt eine überraschende Gottesbegegnung im Gebirge fernab von den Menschen. Zuerst macht Elia dreierlei gewaltige, bedrohliche Natur-Erfahrungen: Sturm, Erdbeben, Feuer. Sie kündigen Gott an, aber er ist darin nicht anwesend. Dann hört Elia „einen Ton zarter Stille". Darin spürt er Gottes Anwesenheit (1.Kö.19,12). Dieses erstaunliche, einfühlsame Paradox gibt allen recht, die eine Begegnung mit Gott in der Stille suchen.

Gott redet nicht, jedenfalls nicht akustisch. Sondern alle Gottesworte sind die Worte von Menschen, die sich mit Gott verbunden haben. Was sie innerlich hören, ist Ergebnis ihrer Hinwendung und Aufmerksamkeit, nimmt aber zugleich teil an ihren persönlichen Vorstellungen und Grenzen und an der Fehlbarkeit aller Menschen. Aber so sind sie „Worte Gottes".

Dazu auch folgende Überlegung: Die ersten „Worte" des Himmelsgottes, die der frühen Menschheit zu Ohren kamen, erklangen im gewaltigen und bedrohlichen Poltern des Donners. Sein Widerhall ist bis in die Bibel zu hören (Hi.37,2: „O hört doch, wie sein Donner rollt und was für Gedröhn aus seinem Munde geht!"). Wir wissen heute: Das sind Metaphern. Im Donner redet Gott so viel und so wenig wie im stillen Wachsen des Baumes oder in meinem Atem. Und er zürnt nicht, wie ich es noch in meiner Kindheit gehört habe. Sondern das haben Menschen hineingedeutet, vielleicht aus ihrer Erfahrung mit dem bedrohlichen Gebrüll mächtiger Patriarchen in ihrer Umgebung (Spr. 20,2: „Das Drohen des Königs ist wie das Brüllen eines Löwen"). So konnten sie ihrer Angst beim Donner einen für sie verständlichen Sinn geben.

Noch ein Aspekt: Der Mensch als Gemeinschaftswesen ist wie auf Essen, Trinken und Schutz so auf Kommunikation angewiesen. Sobald er sich mit Lauten verständigt, liegt es nah, Laute, die ihn erreichen, als ihm zugesandt zu deuten. Der Donner ist nicht an den Menschen gerichtet, aber der Mensch kann ihn so verstehen. Genau so wächst die Kokosnuss nicht für ihn. Sobald er aber die Erfahrung gemacht hat, dass er sie öffnen, essen und trinken kann, liegt ihm die Überzeugung nah, dass sie für ihn da ist, ihm zufällt und ihm gegeben ist. Ebenso scheint die Sonne und fällt der Regen nicht für ihn. Aber sobald er Felder hat und die Erfahrung macht, dass Sonne und Regen zu ihrem Gedeihen beitragen, kann er beides als ihm zugesandt verstehen und, wenn sie fehlen, die Kraft des Lebens darum bitten.

Die große Kraft des Lebens ist einfach da, vor uns seit je, um uns und in uns sowie in und hinter allem, was ist. Sie verbindet alles miteinander und wird wahrscheinlich immer da sein. Trotzdem kann man nicht darauf zeigen und sie nicht anfassen. Sie ist unfassbar. Sie ist nicht jemand und nicht etwas und nicht nichts. Wir müssen sie nicht bitten, da zu sein, weil sie einfach immer da ist, ob wir das merken oder nicht. Sie schenkt uns allen das Leben täglich.

Die Religionen haben sich dieser großen Kraft des Lebens zu nähern versucht und dazu jeweils ihre eigenen Wege gefunden. Sie haben sich Vorstellungen gemacht und Regeln und Bräuche entwickelt, um das Leben der Menschen zu ihr in Beziehung zu setzen. Oft halten die Religionen ihre eigenen Vorstellungen, Regeln und Bräuche für richtig und andere für falsch. Das führt zu Trennungen unter den Menschen, zu Nichtachtung, Angst und Gewalt. Aber alle diese Vorstellungen sind Ansichten von der Wahrheit und Annäherungen an sie, nicht die Wahrheit selbst. Gott gehört keiner Religion, er ist der immer neue Ursprung allen Lebens.

### 3. Alles war sehr gut

„Am Anfang schuf Gott Himmel und Erde." In der älteren Schöpfungsgeschichte (1.Mo.2) tritt Gott als eine Art Handwerker auf: Er formt den Menschen und die Tiere aus Erde – die Frau zuletzt aus einem Stück vom Menschen – und pflanzt einen Garten. In der jüngeren Geschichte (1.Mo.1) ruft er die einzelnen Schöpfungswesen auf zu erscheinen und „macht" sie oder lässt die Erde sie hervorbringen. Als er am Schluss den Menschen macht – Mann und Frau gemeinsam – ruft er sich selbst dazu auf. So wird er auf verschiedene Weise als Schöpfer dargestellt.

Diese Vorstellung haben die Menschen offensichtlich aus ihrer eigenen Erfahrung gewonnen, seit sie etwas „machen", und sei es ein geschärfter Faustkeil: Es gibt ihn nur, weil jemand ihn gemacht hat. So müssen auch die Werke der Natur von jemandem gemacht sein, sonst gäbe es sie nicht. Das führt zu einem Gott, der außer und über allem „im Himmel" ist, der alles macht und zu den Menschen redet. Solche Aussagen kann ich nur als Metaphern verstehen, denn Gott thront nicht im Himmel. Das ist vielmehr ein Bild dafür, dass er unserem Zugriff entzogen ist. Die andere Vorstellung war den biblischen Autoren nicht zugänglich, dass Gott ein Name ist für die allem innewohnende Kraft des Lebens, die von Anfang an und ständig schafft und verändert, entstehen, da sein und vergehen lässt.

Die Vorstellung vom außerweltlichen Gott führt dazu, dass alle Wesen und Dinge als Profanes ihm gegenüber stehen. Er ist allein heilig. Er gibt als Patriarch Gesetze, fordert ihre Einhaltung und bestraft Übertretungen. Er vernichtet sogar im Zorn, was er gemacht hat (Sintflut), und ist in der Bibel so patriarchal, dass er sogar die Frau aus dem Mann macht. Frauen, Kinder und Sklaven gelten in dieser Welt als Sachen. Kinder dürfen zwar nicht mehr geopfert werden, aber Tiere sowie Menschen anderer Völker schon.

Der Mensch hat eine Qualität von seinem Schöpfer: Er hat Gottes Atem (älterer Text) bzw. er ist Gott ähnlich (jüngerer Text). Und er bekommt von Gott einen Auftrag: Er soll den Garten bebauen und bewahren (älterer Text) bzw. die Erde untertan machen und die Tiere beherrschen (jüngerer Text).

Mir erscheint für unser heutiges Leben z.T. der ältere Text konstruktiver: Der Atem ist ein tiefer ursprünglicher Lebensvorgang, auf den wir achten und dem wir uns hingeben können. Viele Wege der Meditation und Heilung üben das. Und beim gemeinsamen Leben auf der Erde kommt es für uns alle darauf an, dass wir sie als einen Garten nehmen, den wir nicht gepflanzt, sondern vorgefunden haben, der uns aber anvertraut ist und uns ernährt. Wenn wir ihn sachgemäß behandeln und ihm die Pflege geben, die er braucht, damit wir alle darin und davon leben können.

## 4. Der als erster Gewalt übte

So wird am Anfang der Bibel Nimrod gekennzeichnet (1.Mo.10,8), ein Jäger, Städtebauer und Reichsgründer, ein Gewaltherrscher. Die Notiz vermittelt die Einschätzung, dass Gewaltherrschaft irgendwann in der Menschheit angefangen und sich dann fortgesetzt hat.

Es gibt in der Bibel viele gewalttätige Erzählungen: die Vernichtung von Mensch und Tier in der Sintflut, Regeln über Todesurteile sowie Berichte von Kriegen und Gewalttaten. Für mich ist die Bibel kein heiliges Buch, sondern ein vielstimmiges Dokument über das Leben des jüdischen Volkes in Nähe und Distanz zu seinem Gott.
Ein erschütterndes Beispiel religiöser Gewalt ist die Erzählung von Samuel und Agag (1.Sa.15). Samuel haut den feindlichen König in Stücke. Das hält er für Gottes Willen. Es hat mich tief berührt, wie Martin Buber in einem Gespräch über diese Szene zu der Einsicht kommt: Samuel hat Gott missverstanden (M. Buber: Begegnung. Heidelberg 1986, S.71ff). Das überzeugt mich. Gewalt gegen Menschen und Tiere erscheint mir grundsätzlich als Missverständnis.

Oft wird zu Israel gesagt, du musst „das Böse aus deiner Mitte wegtun" (z.B. 5.Mo.21,21). Das geschah meist durch Steinigung, die gemeinsam vollstreckte Todesstrafe zur Beseitigung des Bösen und zur Warnung der Lebenden. Ich verstehe, wenn viele Menschen das bis heute einleuchtend finden. Aber ich denke, was Einzelne tun, kommt immer auch aus ihrer Umgebung. Sogar die Verurteilenden tragen dazu bei. Das zeigt frappierend die Reaktion Jesu auf die geforderte Steinigung einer Frau. Seine Antwort an die Ankläger: Wer von euch ohne Sünde ist, werfe den ersten Stein. Da gehen alle.

Gottes Zorn und die Strafe durch ihn oder in seinem Namen ist ein Grundgedanke der Bibel. Die Strafe soll das Böse ausrotten oder den Einzelnen wie das Volk erziehen. Dieser Gedanke entspringt wohl der gewalttätigen Welt des alten Orients mit ihren Herrschern. Er ist kein Sachverhalt, sondern ein Erklärungsversuch für menschliches Leid. Am Beispiel der Sintflut: Es gab in der kollektiven Erinnerung eine Flutkatastrophe, die mit dem gewohnten Muster gedeutet wird als Strafe Gottes für die Bosheit der Menschen. Diese Erfahrung liegt lange zurück. Das erklärt der Autor so, Gott habe dann beschlossen, trotz der Bosheit der Menschen solche Bestrafung zu lassen.

Es sei angemerkt: Dieser Gedanke der Heilung durch Strafe wurde zur wichtigen Quelle für Kirchenlehre und schwarze Pädagogik.

Die Bibel hat auch eine Gegenbotschaft: Gewaltlosigkeit. Nach der Sintflut will Gott das Leben erhalten (1.Mo.8,21). Abraham kämpft um Vergebung (1.Mo.18). Josef verzichtet auf die Bestrafung der Brüder (1.Mo.50,20). David schont seinen Feind Saul (1.Sa.24,7). Der Prophet Elisa rät zum Gastmahl für die Feinde, daraufhin beenden sie ihre Überfälle (2.Kö.6,8-23). Diese erstaunliche Erfahrung wird zur Spruchweisheit (Spr.25,21f) und findet sich dann als „Liebe für die Feinde" bei Jesus und Paulus (Mt.5,44; Rö.12,20). Der Prophet Micha entwickelt die bis heute wirkende Vision, die Völker werden Weisung von Gott in Jerusalem suchen und dann ihre Schwerter zu Pflugscharen umschmieden (Mi.4,3).

Jesus hat offensichtlich diese Linie entschlossen fortgesetzt: Gott erscheint bei ihm als der Schenkende mit großer Weite. Jesus weigert sich, die als sündig Geltenden so zu nennen. Sie sind „Verlorene", die sich verloren haben oder Gott verloren gegangen (!) sind. Jesus sieht sie als Untergehende, die vom Untergang zu retten sind (Jünger als „Menschenfischer"). Weitere Beispiele: Gott schenkt Guten wie Bösen Sonne und Regen, so sollen auch wir seiner Feindesliebe folgen (Mt.5,44f). Jesus isst mit Zöllnern (Mk.2,15; Lk.19,7-9). Er sieht die Liebe der Sünderin als Antwort auf Gottes Vergebung (Lk.7,47f). Er verurteilt die Ehebrecherin nicht (Jh.8,11). Er fordert, grenzenlos zu vergeben, weil Gott vergibt (Mt.18,21). Er lehnt die Deutung von Krankheit und Unglück als Gottesstrafe ab (Lk.13,4; Jh.9,2f).

Seit die spätere Kirche sich unter Kaiser Konstantin mit dem Imperium verbündet hat, also vor 1700 Jahren, hat sie Kriege und Gewalt gegen Andersgläubige gebilligt. Karl der Große missionierte durch Kriegszüge bzw. stützte seine Macht durch Missionierung. Die späteren Kreuzzüge sind als Gräueltaten in der arabischen Welt auch nach 1000 Jahren unvergessen. Die Reformatoren traten für die Hinrichtung andersgläubiger Christen ein. Die Folter wurde maßgeblich von der Kirche entwickelt, um Bekenntnisse zu erzwingen. Es ist für mich erschütternd, was sich an Überheblichkeit und Menschenverachtung in einer Bewegung versammelt hat, die vorgibt, dem gewaltfreien Jesus zu folgen: Kriege, Sklaverei, Kolonialismus, bis heute fortgesetzt z.B. mit Unterstützung von Rüstung und Militär und mit hartnäckig vertuschtem Missbrauch.

Zur jüdischen und christlichen Gemeinschaft gehört bisher, Tiere gefangen zu halten, zu töten und zu essen und die Erde auszubeuten zum Nutzen der Menschen: ein Gewaltverhältnis mit imperialer Grundhaltung. Die Menschen (dieser Kultur) haben anscheinend gern den Auftrag übernommen, sich die Erde untertan zu machen und über die Tiere zu herrschen (1.Mo.1,28f; 9,2). Und haben sich den als Gotteswort in die Bibel geschrieben.
Auf diesem Weg sind wir als Menschheit dahin gekommen, dass wir unseren gemeinsamen Lebensraum gravierend beschädigen. So wird er für Pflanzen, Tiere und Menschen zum Todesraum. Viele wollen das verhindern, aber bisher möchte die Mehrheit lieber so weiter machen als ihre Lebensweise gravierend verändern.

Ein indigener Blick auf Schöpfung und Herrschaft sieht anders aus. Er sieht die Bibel geprägt von den Herrschaftsstrukturen des alten Orients: Gott gewährt und verbietet, der Mensch leistet Widerstand und Gott straft, was das Leben mühsam macht. Der Mensch schafft eine Zivilisation der Herrschaft über Natur und Mensch.
Die indigene Sicht ist viele tausend Jahre älter und spiegelt eine Lebenswelt, in der die Menschen grundsätzlich Teil der Natur sind und in Respekt und Einklang mit ihr und mit Gott leben. Sie halten positive spirituelle Beziehungen zu allen geschaffenen Wesen und leben, davon getragen, in überschaubaren Gruppen (B. Stonechild: Der ökologische Sündenfall. Publik-Forum 20/2024).
Diese Sicht hält uns für mein Empfinden einen Spiegel vor und fragt uns: Wer wollen wir sein, wohin wollen wir gehen und was braucht das gemeinsame Lebensnetz von uns?

## 5. Herausgeführt aus dem Sklavenhaus

Das ist Israels Urerfahrung. Befreit sein von der Sklavenarbeit unter der Gewaltherrschaft, aufbrechen, gerettet vor den Verfolgern, sich einem unbekannten Weg in der Wüste anvertrauen, sehr karg leben, aber überleben, neue Lebensregeln bekommen für ein egalitäres gemeinsames Leben in einem neuen Land – das hat das Volk mit Mose und seinem Gott erlebt. Dem Gott mit einem geheimnisvollen und ermutigenden Namen: Ich bin da. Diese Erfahrung hat es sich aufbewahrt in seinen Ursprungsgeschichten. Damit und davon lebt es bis heute.

Es gab immer wieder Fürsprecher und Fürsprecherinnen für diese Ursprungserfahrung. Samuel warnt das Volk, als es einen König will: Er wird eure Ernten, Äcker und Frauen nehmen, er wird euch für sich arbeiten und Krieg führen lassen. Sie wollen aber trotzdem (1.Sa.8). Nathan stellt den König David zur Rede, weil der sich aufgrund seiner Macht Ehebruch und Mord erlaubt hat (2.Sa.12). Das war eine wichtige Rolle der Propheten: Sie haben die Geschichte des Volkes und seiner Könige mit Kritik begleitet.

Auf dieser Spur ist auch Maria, wenn sie nach der Ankündigung von Jesu Geburt Gott lobt: Er stößt die Gewaltigen vom Thron und erhebt die Niedrigen (Lk.1,52). Und Lukas sieht dann Jesus selbst in der Nachfolge der Propheten, wenn der in seiner Antrittsrede eine Freudenbotschaft für die Armen und Freiheit für die Gefangenen und Geknechteten ansagt (Lk.4,18). Das verwirklicht er in seinen Heilungen und Weisungen für ein anderes Leben. Auch die Botschaft von der Auferweckung Jesu widerspricht der Macht von Unterdrückung und Tod, speziell dem Tod, mit dem das Imperium regiert.

Paulus kämpft besonders im Brief an die Gemeinden in Galatien für die Freiheit, die im Raum um Jesus zu atmen ist. Hier gelten die gewohnten Abgrenzungen und Rangordnungen nicht mehr: nicht Jude noch Grieche, nicht Sklave noch Freier, nicht Mann noch Frau, denn ihr alle seid eins (Ga.3,28).

Die Freiheit von Unterordnung wurde weder bei Paulus noch in der späteren Kirche durchgehend verwirklicht. Diesen Geist atmet aber die Menschenrechts-Erklärung von 1948, die für alle Menschen gilt.

Die Befreiungsbewegung gegen die Sklaverei hat sich unter anderem auf die Tradition vom Auszug aus Ägypten gestützt und daraus Mut und Kraft gewonnen: „Let my people go!" Ich finde es beschämend, dass überall auf der Welt um Gleichberechtigung und Gleichachtung bis heute gekämpft werden muss.

Es gibt in der Kirche und anderswo vielerlei soziale Arbeit für Arme und Leidende, Verachtete, Unterdrückte und Geflüchtete. Das beglückt mich. Ein Aber sage ich mit Worten von Bertolt Brecht:

Die Nachtlager

Ich höre, daß in New York
An der Ecke der 26. Straße und des Broadway
Während der Wintermonate jeden Abend ein Mann steht
Und den Obdachlosen, die sich ansammeln
Durch Bitten an Vorübergehende ein Nachtlager verschafft.

Die Welt wird dadurch nicht anders
Die Beziehungen zwischen den Menschen bessern sich nicht
Das Zeitalter der Ausbeutung wird dadurch nicht verkürzt
Aber einige Männer haben ein Nachtlager
Der Wind wird von ihnen eine Nacht lang abgehalten
Der ihnen zugedachte Schnee fällt auf die Straße.

Leg das Buch nicht nieder, der du das liesest, Mensch.
Einige Menschen haben ein Nachtlager
Der Wind wird von ihnen eine Nacht lang abgehalten
Der ihnen zugedachte Schnee fällt auf die Straße.
Aber die Welt wird dadurch nicht anders
Die Beziehungen zwischen den Menschen bessern sich dadurch nicht
Das Zeitalter der Ausbeutung wird dadurch nicht verkürzt.

## 6. Eine neue Zeit beginnt

Eine Geschichte hat die Welt erobert – jedenfalls einen Teil der Welt. An jedem Jahresende ist sie in aller Munde: Weihnachten. Sie wird auf vielerlei Weise dargestellt, wenn auch entfremdet und verniedlicht: Englein, Stall, trautes Paar mit Kind, wallende Gewänder. - In einer Gruppe von kleinen Leuten tauchte die Geschichte zum ersten Mal auf, etwa 80 Jahre nach dem Ereignis. Niemand weiß, woher sie kam. Aber sie bewegte die Herzen, und so wurde sie weitererzählt.

Die Leute, die diese Geschichte erzählten, lebten als kleine Gemeinschaften in der römischen Provinz Judäa und in den umliegenden Ländern. Sie waren überzeugt: Die Welt, wie sie ist, muss sich ändern und wird sich ändern. Wir kleinen Leute am Rand können das nicht machen, aber wir können dazu beitragen. Denn sie lebten weiter auf der Spur eines jüdischen Wanderpredigers, den die Römer für einen Revolutionär hielten und vor 50 Jahren hingerichtet hatten. Das Imperium fühlte sich von ihm bedroht und wollte ihn aus der Welt schaffen. Aber seine Anhänger gab es auch noch nach 50 Jahren. Sie hielten zusammen, teilten ihre Habe mit Armen, Flüchtlingen und Beschädigten, beteten gemeinsam, bezahlten notgedrungen die geforderten Steuern, aber sie unterstützten möglichst nicht die römische Besatzungsmacht. Und sie waren überzeugt, dass die Geschicke der Welt letzten Endes nicht von Rom, sondern von oben bestimmt werden.

Es war eine dunkle, schreckliche Zeit in diesem Land. Vor wenigen Jahren hatten römische Soldaten wegen nicht bezahlter Steuern den Tempelschatz beraubt. Jüdische Freiheitskämpfer griffen daraufhin die römischen Legionen an, um die Besatzungsmacht loszuwerden, und so auch die ständige Gewalt und die Ausbeutung, die Verarmung der Bevölkerung und die Zerstörung der eigenen Lebensgewohnheiten. Es folgten vier Jahre Krieg. Etwa 1 Million Bewohner kamen dabei ums Leben, Tausende wurden gekreuzigt, etwa 100.000 wurden in die Sklaverei verkauft. Der Tempel in Jerusalem, seit Jahrhunderten das kulturelle und religiöse Zentrum des Landes, die tragende Mitte des Volkes, wurde geplündert, zerstört, der Gottesdienst verboten. Viele Überlebende flohen: verletzt, halb verhungert, traumatisiert, verzweifelt. - In dieser dunklen, hoffnungslosen Zeit tauchte die Geschichte zuerst auf. Sie war anscheinend ein Lichtblick, ein Licht, das den kleinen Leuten im Dunkeln Mut gab, an die Veränderung der Welt zu glauben.

- - -

Die Geschichte begann mit dem Kaiser in Rom. Er hieß damals Augustus, der erste in einer langen Reihe von Kaisern, die das römische Imperium regierten. 40 Jahre saß er auf dem Thron. Er führte viele Kriege. In Kriegszeiten befehligte er 230.000 Soldaten. Die Legionen standen in Afrika, in Syrien, natürlich auch in Judäa, auf dem Balkan, in Gallien (dem heutigen Frankreich), sogar im fernen Germanien. Niemand vor ihm und nach ihm hat so viele Gebiete erobert und dem römischen Reich eingegliedert. Nach dem Ende seiner Eroberungen entließ er ein Drittel seiner Soldaten und schenkte ihnen Land als Lohn. Das fiel ihm leicht, denn bei der Eroberung von Ägypten hatte er den gesamten Staatsschatz mitgenommen.

Er ließ in Rom prachtvolle Gebäude errichten, auch ein großes Mausoleum aus Marmor als ehrenvolle Grabstätte für sich selbst. Sein offizieller Titel hieß: Befehlshaber, Kaiser, Sohn des Vergöttlichten, Augustus (der Erhabene), Höchster Oberpriester, Vater des Vaterlandes. Er trug oft als besondere Ehre einen goldenen Lorbeerkranz und ließ sich gern damit abbilden, z.B. auf Münzen, die jeder in die Hand nahm. Die ganze Welt kannte ihn oder wußte von ihm.

Er veranlasste eine große Volkszählung, um Grundlagen zur Besteuerung seiner Untertanen zu haben. Rom war eine Weltstadt, deren Reichtum wesentlich auf der Arbeit und den Steuern der kleinen Leute in den eroberten Gebieten beruhte. Mit Gesetz und Gewalt sorgte Augustus für eine Art von Frieden in seinem Reich. Aufstände ließ er brutal niederschlagen. Darum behielten die Herrschenden diese Zeit in Erinnerung als goldenes Zeitalter, als Epoche des Friedens, des Rechts und des Wohlstands.

Die kleinen Leute am Rand lebten natürlich anders und erlebten diese Zeit völlig anders. Es kostete sie große Mühe zu überleben. Sie bewohnten in den Dörfern kleine, sehr einfache Häuser aus groben Steinen oder Lehmziegeln, die oft nur aus einem einzigen Raum bestanden. Im vorderen Teil lebten ein paar Schafe oder Ziegen, im hinteren Teil auf einer erhöhten Stufe die Menschen: die Familie mit ihren Kindern, weitere Angehörige, vielleicht auch noch Besuch, alle eng beieinander. Hier spielte sich das gemeinsame Leben ab. Von früh bis spät arbeiteten sie auf ihren Feldern oder betrieben ihr Handwerk, hüteten die Herde des Dorfes oder versorgten Familie und Tiere, so gut es ging. Sie bezahlten die Steuern, soweit sie konnten. Niemand außerhalb des Dorfes kannte sie, vielleicht außer ein paar Verwandten oder Nachbarn, die weggezogen waren. -

Bertolt Brecht schrieb:
Denn die einen sind im Dunkeln,
Und die andern sind im Licht.
Und man siehet die im Lichte,
Die im Dunkeln sieht man nicht.

So war es auch in Bethlehem, einem kleinen Ort südlich von Jerusalem. Es gab hier nichts Bedeutendes – außer der alten Tradition, dass vor 1000 Jahren ein Junge namens David hier gelebt und als Hirte die Schafe seines Vaters gehütet hatte. Er wurde als jüngster von 8 Brüdern zum König bestimmt und gesalbt. Und er ist dann ein berühmter König geworden, der das Land einigte und die feindlichen Nachbarn unterwarf. Und die Menschen in Bethlehem wünschten sich, jemand wie er würde wiederkommen, vielleicht ein Nachkomme von ihm, der für Recht sorgen, den Armen ein Auskommen geben und die Römer aus dem Land jagen würde.

In der Zeit der großen Volkszählung waren viele Menschen unterwegs, um in den Ort zu gehen, wo sie noch Besitz hatten. Dort mussten sie sich und ihren Besitz in Listen eintragen lassen. Auch in Bethlehem kamen Leute an, die selbst oder ihre Vorfahren mal im Ort gewohnt hatten und die noch ein Feld oder ein Haus besaßen. So war es auch mit Josef und Maria. Sie kamen aus Nazareth im

Norden, das zu einer anderen römischen Provinz gehörte. Aber Josef stammte aus der Familie von König David. Darum musste er in seinen Herkunftsort wandern. Die beiden fanden eine Familie, die sie aufnahm, obwohl es schon eng war im Haus. Aber wer arm ist, der weiß, wir müssen uns gegenseitig helfen. Schon gar, wenn es dringend ist. Und es war dringend. Denn Maria war schwanger, und da war völlig klar, dass sie Hilfe und Gemeinschaft brauchte.

Als sie dort in Bethlehem zu Gast waren, kam eines Tages die Zeit der Geburt. Die Frauen im Haus halfen Maria dabei, wie sie das seit Generationen gewohnt waren. Und Maria brachte ihren ersten Sohn zur Welt. Weil es aber so eng war im Haus, hatten sie für das Neugeborene keinen anderen Platz als die Futterkrippe der Tiere. Das war nicht komfortabel, aber eine einfache Möglichkeit – wie sie ja alle einfach und ärmlich lebten.

Am Ende dieses Tages hatten sich alle im Haus zum Schlafen gelegt. Es war schon mitten in der Nacht. Da ging plötzlich die Tür auf, und ein paar dunkle Gestalten traten herein. Es waren die Dorfhirten, die eigentlich nachts auf dem Feld ihre Herde hüteten. Im Schein der Öllampe blickten sie sich um, sahen das Kind in der Krippe und sagten:
„Das ist es, was wir suchen! Stellt euch vor: Jetzt, mitten in der Nacht auf dem Feld, umgab uns plötzlich ein himmlisches Licht. Wir hatten große Angst. Aber eine Stimme sagte: Keine Angst! Sondern große Freude für euch und das ganze Volk: Heute ist euch ein Retter geboren, ein messianischer Weltherrscher, hier in Bethlehem, wo auch David geboren ist. Sein Kennzeichen ist: Ihr werdet ihn mit seinen Windeln in einer Futterkrippe finden. -
Und dann war auf einmal die Luft erfüllt von einem vielstimmigen himmlischen Chor, der sagte:
Großes Lob für Gott im höchsten Himmel
und Frieden auf der Erde für seine geliebten Menschen!
Und dann – war alles verschwunden, als wäre nichts gewesen und wir hätten nur geträumt. -
Wir waren ratlos: Was bedeutet das? Soll das wahr sein? Und dann haben wir uns gesagt: Lasst uns sehen, ob das stimmt, was wir gehört

haben. Wir sind gleich losgegangen. Und jetzt sehen wir: Ja, es stimmt. Da ist das Kind in der Krippe, der künftige Weltherrscher."

Alle Leute im Haus waren natürlich aufgewacht und hatten zugehört. Aber was die Hirten erzählten, befremdete sie eher: „Was, dieses namenlose, fremde Kind soll unser Volk retten und Gerechtigkeit und Frieden auf die Erde bringen? Die Hirten spinnen doch, oder sie haben geträumt." Nur Maria hörte still und nachdenklich zu.

Die Hirten gingen wieder zurück aufs Feld zu ihrer Herde. Und während sie gingen, sangen sie laut in die Nacht ein Lied von der Güte des Himmels und von der kommenden Befreiung. Alle im Haus konnten es hören. Besonders Maria lauschte ihm nach, denn es wurde immer leiser, je weiter die Hirten gingen:
„Wenn der Herr die Gefangnen von Juda erlösen wird,
dann werden wir sein wie die Träumenden.
Dann wird unser Mund voll Lachen
und unsere Zunge voll Rühmen sein.
Dann wird man sagen unter den Völkern:
Der Herr hat Großes an ihnen getan.
Ja, Gott hat Großes an uns getan;
drum sind wir fröhlich."

- - -

So ähnlich erzählten die Leute in den kleinen Gemeinschaften. Sie spürten: In dieser Geschichte wird ein Hoffnungslicht angezündet für uns und für die Welt, für die im Dunkeln. Da wird ein winziges Samenkorn gelegt, das vielleicht die Kraft hat, die Welt zu ändern, so dass Gerechtigkeit und Frieden blühen. Als das Kind groß war, hat Jesus eine Zeit lang die Güte des Himmels und die Befreiung der Erde gelebt. Die kleinen Leute, die sich um ihn gesammelt haben, spürten in seiner Nähe die heilende Kraft von Gerechtigkeit und Frieden, auch unter den Bedingungen des römischen Imperiums. Bis das Imperium ihn als einen gefährlichen Bazillus beseitigte. Aber der Bazillus blieb trotzdem lebendig. Er hatte längst andere angesteckt und breitete sich aus über die ganze bekannte Welt.

Ein später Nachtrag zu dieser Geschichte: Es hat etwa 300 Jahre
gedauert, bis das Kind in der Krippe die Weltherrschaft übernommen
hat. Der römische Kaiser – zu der Zeit hieß er Konstantin –
entschloss sich, auf dieses Kind und seinen Gott zu vertrauen statt
auf die überkommenen römischen Götter. Und seine Nachfolger
erklärten den neuen Glauben zur Staatsraison. – Allerdings passten
sie ihn dabei ihrer Weltmachtpolitik an, und die Anhänger des
Kindes passten sich dem Imperium an und verließen in wesentlichen
Punkten ihren Anführer. So blieb die neue Zeit vielfach verborgen
unter der alten. Und so ist es bis heute.
Aber zugleich gab und gibt es über die Jahrhunderte bis heute viele
Einzelne und Gruppen, die sich angesteckt haben. Da ist die heilende
Kraft der Befreiung zu spüren, das Licht einer überraschenden
Wahrheit und der Mund voll Lachen. Ein anderes Leben ist möglich.
Gottes gerechte Welt wächst subversiv: im kleinen und bei den
Kleinen. Es bleibt die Sehnsucht nach Frieden und Gerechtigkeit für
die Welt, und es bleibt die Spur, der wir folgen können.

## 7. Der unscheinbare Retter der Welt

Lukas erzählt als einziger die Geburt Jesu. Mit dem Auftritt der
Engel auf den Feldern von Bethlehem ist seine Geschichte eher eine
Legende als ein Bericht. Man wusste, Jesus lebte in Nazareth als
Handwerker, bis er öffentlich auftrat. Erst danach entstand die
Geburtsgeschichte: aus der Erinnerung an die gewalttätige
Weltherrschaft des Kaisers Augustus und an die damalige
Steuererfassung in der Provinz Syrien mit Judäa (nicht im ganzen
Reich), die das Volk am Wohnort erfasste (nicht am Herkunftsort) (1);
aus der prophetischen Überlieferung, der Messias werde aus
Bethlehem kommen, dem Geburtsort Davids (2); aus der Erfahrung
des ärmlichen Alltagslebens und der Hirtenwelt, in der auch schon
David zu Hause war (3); aus den Engelsbotschaften an Auserwählte
von Hagar bis Elia; aus den Berichten vom Leben Jesu mit Armen
und Kranken, denen er Befreiung gebracht hat; und aus der
Überzeugung, dass er als geheimer Messias gewirkt hat und nach
seiner Hinrichtung auferweckt und bei Gott aufgehoben ist als Herr
der Welt. Dazu entstanden mit der Zeit weitere Erzählelemente: die
Herbergssuche, die Abweisung, der Stall, Ochs und Esel.

Die Unterkunft

Lukas erzählt: Während Maria und Josef in Bethlehem sind, kommt
die Zeit der Geburt. Das Paar ist untergekommen in einem einfachen
Haus, wo Menschen und Tiere gemeinsam in einem Raum leben, wie
bei den kleinen Leuten üblich (4). Dort findet die Geburt statt. Weil
es eng ist im Haus und ein passender Platz für das Kind fehlt, nimmt
Maria eine Futterkrippe als Kinderbett. Keine Herbergssuche, keine
Abweisung, kein separater Stall, sondern das Kind ist aufgenommen
in die Solidarität der einfachen Leute. Für diese Textdeutung spricht:
- Wenn bei der Ankunft in Bethlehem eine Abweisung erzählt
  würde, müsste sie am Anfang von V.6 stehen (vor „während
  sie dort waren"). Die Formulierung vermittelt aber eine
  ruhige Anwesenheit.
- Die gängigen Übersetzungen reden von einer Herberge, also

einem Gästehaus, wo das Paar nicht ankommt. Der Text redet dagegen von einem privaten Haus, wo das Paar als Gast unterkommt (5), wie im Orient üblich (Lk.4,38-42; 9,4.12.52; 10,7; 19,7; 22,11).

„Sie hatten keinen Platz in der Unterkunft", bedeutet das: kein Platz für die Eltern, also Krippe draußen? oder: kein Platz für das Kind, also Krippe drinnen? Der Satz erklärt die besondere Unterbringung des Kindes. Trotzdem wurde schon früh der Text unterschiedlich verstanden.

Die christliche Auslegungs- und Bildtradition hat sich fast ganz für die erste Deutung entschieden: kein Platz für die Eltern, Krippe draußen. Allerdings wird dadurch der Text kurios: Er erwähnt die Unterkunft, sagt aber nur, wo das Paar nicht unterkommt, und nicht, wo es unterkommt. Obwohl dort Maria und Josef, das Kind, die Hirten mit der Engelsbotschaft und alle Zuhörenden beisammen sind.

C. von Soest: Die Geburt Christi, 1403 (6)

Conrad von Soest hat die Kuriosität des Unterkommens in der Nicht-Unterkunft auf frappierende Weise ins Bild gesetzt: Der Stützbalken des Überdachs, unter dem die Familie scheinbar lebt, trägt ein Dach, das sie nicht überdeckt. Es hängt hinter dem Stall hinter Maria. Das ist technisch unmöglich. Es macht aber sichtbar, wie unmöglich der Aufenthalt in der Nicht-Unterkunft ist.

Bisher gehören die Abweisung des Paares und der separate Stall zur Weihnachtsgeschichte. So erscheint sie in Texten, Liedern, Bildern, Ansprachen und Krippenspielen. Eine Erzählung für Kinder: „Der Weg war sehr beschwerlich, da Maria hochschwanger war. Sie mussten irgendwo übernachten – aber egal, wo sie anklopften: niemand hatte ein Bett für sie frei. Schließlich fanden sie einen verlassenen Stall, in dem sie bleiben konnten. In dieser Nacht bekam Maria ihren Sohn." (7)

Warum wird der Text seit Jahrhunderten hartnäckig gegen den Wortlaut gelesen? Ich vermute, hier wurde Joh.1,11 als maßgeblich genommen: „Er kam in sein Eigentum, und die Seinen nahmen ihn nicht auf." Das las man als Aussage zur Geburt Jesu und sah sie bestätigt in Lk.2, indem man die Abweisung Jesu und seiner Eltern in den Text hineinlas. So entstand ein einheitliches Bild. Und das passte gut zur Vorstellung der jungen heidenchristlichen Kirche, das Judentum habe Jesus abgelehnt und die Kirche habe den Platz als Gottesvolk übernommen (so schon im Barnabasbrief um 100).

Die andere Deutung des Textes findet sich in einer Weihnachtspredigt von Augustinus (um 400): „Eng war seine Herberge, in Windeln gehüllt wurde er in eine Krippe gelegt" (8). In einer Zeit mit vielen Flüchtlingen, die in Europa Unterkunft suchen, zeigt die Weihnachtsgeschichte des Lukas: Die Obdachlosen werden ins Haus geführt (Jes.58,7), auch wenn es eng ist, ein gutes Argument für kirchliche Flüchtlingsarbeit.

## Die Krippe

Als Notbett ist die Krippe ein zentrales Motiv. Sie wird dreimal erwähnt, verbindet so die drei Teile des Textes und ist das Kennzeichen des Neugeborenen. Sie deutet vielleicht auf den erwachsenen Jesus, der als Wanderprediger „nicht hat, wohin er sein Haupt legt" (Lk.9,58). Als Ausdruck von Armut und Niedrigkeit weist sie wie die Unterkunft voraus auf sein Leben mit dem einfachen Volk, vielleicht auch indirekt auf Gott, der die Niedrigen erhebt (Lk.1,52).

Die älteste derzeit bekannte Darstellung von Jesus in der Krippe ist ein Sarkophag-Relief: links der Krippe Ochs und Esel, dahinter die Hirten, die gerade das Kind finden, rechts unter dem Stern Maria auf der Erde, hinter ihr Josef auf einem Stuhl. Die Szene findet im Freien statt. Das Überdach im Hintergrund deutet die Unterkunft an. Erstaunlich: Beide Bildmotive haben sich über 1000 Jahre bis zu Conrad von Soest erhalten.

Sarkophag-Relief, Klosterkirche in Boville Ernica bei Rom, um 350 (9)

Krippe und Tiere nehmen beherrschend die Mitte des Bildes ein. Die Tiere kommen aus Jes.1,3:
„Ein Ochse kennt seinen Herrn und ein Esel die Krippe seines Herrn; aber Israel kennt's nicht, und mein Volk versteht's nicht."
Die Tiere auf dem Bild stehen also für die Heidenchristen, die bei ihrem Herrn sind, anders als das Judentum. Sie sind Jesu Gegenüber, dem er sich zuwendet. Die Eltern ruhen auf der Gegenseite hinter Jesus, ihm zugewandt, aber zurückgenommen. Stellen sie das unverständige Gottesvolk dar? Hier vertritt die Kirche gestützt auf Jesaja die antijüdische Substitutionstheologie (die Kirche ersetzt Israel als Gottesvolk) und verbreitet ihre These an zentraler Stelle, später eine Quelle unermesslicher Gewalttaten. Manche frühen Darstellungen lassen sogar die Eltern weg und zeigen nur Ochs und Esel an der Krippe. Das bedeutet: Die (jüdische) Herkunft Jesu wird übergangen.

So wurden die Tiere ein zentraler Bestandteil der Weihnachtsszene. Luther: „dass du da liegst auf dürrem Gras, davon ein Ochs und Esel aß" (EG 24,9). Dem Trienter Konzil (1545–1563) gelang es trotz Ringens nicht, sie „um der 'Wahrheit' der Bibel willen von der Krippe zu verbannen" (10). Heute wirken Ochs und Esel an der Krippe wie treuherzige Beigaben. Es sollte aber nicht vergessen sein, dass die Kirche sie mit einer antijüdischen Botschaft dorthin gestellt hat. Darum gehören sie nicht mehr an die Krippe.

Inzwischen heißt auch das Figuren-Ensemble zur Darstellung der Weihnachtsgeschichte „Krippe", zuerst aufgebaut von Franziskus an Weihnachten 1223: eine Krippe mit Heu und die lebenden Tiere Ochs und Esel in einer Felsgrotte als Stall – mehr nicht! (11). Ort des Ensembles ist auch heute meist ein Stall. Er stützt die gewohnte Deutung des Lukas-Textes. Das tun auch die Weihnachtsbilder und einige Lieder („... zur Krippe her kommet in Bethlehems Stall" EG 43,1). Wer zu Weihnachten diese volkstümliche Version des Textes ersetzt durch die biblische von Lukas, wird sicher Widerspruch ernten. Da wir vor allem optisch lernen, wären textgemäße Krippen-Ensembles (und entsprechende Erzählungen) wünschenswert.

### Die Hirten

Lukas beschreibt die Geburt Jesu in 2 Versen, die Geschichte der Hirten in 13. Zentrum ist die Botschaft der Engel an die Hirten, ein Evangelium: große Freude, denn euch ist heute ein Retter und Weltherrscher geboren, Titel, die bisher der römische Kaiser führt (12), und als Gesalbter (*christos*) ist er künftiger König Israels. Das arme Kind wird also zum weltweiten messianischen Heilsbringer werden.
Darum verkündet ein großes himmlisches Heer im Sprechchor Frieden auf der Erde bei „Menschen seines Wohlgefallens". Wer ist damit gemeint? Eine Himmelsstimme sagt das von Jesus bei seiner Taufe (Lk.3,22). Jesus selbst bezeichnet so die einfachen Leute, die sich an der Heilung der Welt beteiligen und dabei bewegende Erfahrungen machen wie die Jünger (Lk.10,20-21). Und er rechnet

dazu Arme, die im Vertrauen auf Gott von der Hand in den Mund leben, sowie Reiche, die ihren Besitz verkaufen und den Erlös den Armen geben (Lk.12,29-33). Sie alle leben für eine andere Weltordnung: für das Gottesreich, eine Gemeinschaft, die vom Teilen lebt, nicht wie das Kaiserreich von Gewalt und Ausbeutung, die für Frieden und Gerechtigkeit geht – eine Kostprobe von der großen Verbundenheit des Lebens.

Die Hirten sind die ersten Evangelisten: Als sie das Kind finden, sagen sie die Engelsbotschaft weiter. Denn das Haus ist voller Menschen. Maria denkt über das Gehörte nach. Aber die anderen wundern sich über den Widerspruch zwischen Ankündigung und Wirklichkeit. Die Krippe passt ja nicht zu den hohen Titeln. Die treten erst später in Kraft, wie Lukas in seinem „zweiten Bericht" andeutet (Ap.1,9-11). Vielleicht benutzt er dabei ein gängiges Stilmittel: kleiner Anfang – großes Ende. Ähnlich beginnt Moses Weg als Befreier des Volkes in einem Schilfkasten auf dem Nil.

Hugo van der Goes: Anbetung der Hirten, um 1480 (13)

Beim üblichen Verständnis der Geburt im Stall haben die Hirten keine zuhörende Gruppe. Die müssen sie erst draußen finden. Darum ergänzt die Neue Genfer Übersetzung den Text: „Nachdem sie es gesehen hatten, erzählten sie 'überall' ...". Luther übersetzt ähnlich: „Sie breiteten das Wort aus". Das ist im Stall nicht möglich.

Die Hirten, die das Kind finden, werden oft dargestellt. Sie sind berührt, beten es an oder bringen etwas mit. Die abgebildete „Anbetung der Hirten" kommt in der biblischen Erzählung nicht vor. Umgekehrt: Auf den Bildern verkündigen sie nie die himmlische Botschaft, das Evangelium von der Rettung der Welt. Lukas gibt den einfachen Leuten vom Feld diese große Aufgabe. Die Maler aber nicht, denn die Kirche betraut damit nur Gelehrte und Geweihte.

## Nachtrag

Später bringen Jesus und seine Boten den angesagten Frieden verkündigend und heilend unter das Volk (Lk.4,18; 10,5.9). Und Lukas setzt den Sprechchor der Engel fort im Sprechchor der Festpilger, die Jesus beim Einzug in Jerusalem begleiten (19,38). Sie erwarten aber den großen Frieden nicht mehr auf der Erde, sondern im Himmel (Lukas schreibt ja nach der Zerstörung Jerusalems), und sie rufen Jesus als König aus, was ihm den Tod bringt (23,3.38). Erst der nachösterliche Jesus spricht den Jüngern Frieden zu (24,36). Doch die Botschaft kommt nicht bei ihnen an. Sie sind ängstlich und verwirrt, weil sie die Art seiner neuen Lebendigkeit nicht begreifen. Um für die weltweite Heilung des Lebens aktiv zu werden, brauchen sie erst von ihm „Kraft aus der Höhe" (24,47-49) – wie die Kirchen bis heute.

Ich bin erschrocken, wie stark die vertraute Weihnachtsgeschichte seit der frühen Kirche antijüdisch geprägt ist (14). Die bildliche Darstellung hat sich wenig verändert, wenn sie auch nicht mehr antijüdisch verstanden wird. Aber in welcher Tiefe unseres kollektiven Gedächtnisses ruhen diese alten beschädigenden Überzeugungen, von der Kirche über viele Jahrhunderte verbreitet, wenn sie heutzutage vielfältig wieder auferstehen?

Zum Schluss: Trauen wir uns, als Lehrende in Kirche und Schule bei dieser bekannten Geschichte öffentlich zu sagen: Wie Luther und alle Welt so habe auch ich lange die Geschichte anders verstanden, als sie in der Bibel steht? Oder lassen wir lieber alles beim Alten?

(1) Sozialgeschichtliches Wörterbuch zur Bibel, Hrsg.v. F.Crüsemann u.a., Gütersloh 2009, S.563
(2) Im Johannes-Evangelium ist Jesus nicht in Bethlehem geboren, er kommt aus Nazareth. Manche Menschen sprachen ihm darum den Messias-Titel ab (Jh.7,41f). Das war sicher ein Grund, die Geburt in Bethlehem zu entwickeln. - Auf ähnliche Gegner zielt wohl Mk.12,35-37: Sie sagen, der Messias muss Davids Sohn sein (was für Jesus nicht zutrifft). Die Jesus-Bewegung widerspricht (mit Ps.110,1): David selbst nennt den Messias seinen Herrn, also muss er nicht Davids Sohn sein.
(3) Sozialgeschichtliches Wörterbuch, S.266
(4) https://www.schuldekan-schorndorf.de/index.php?id=799 >Wohnen zur Zeit Jesu >Informationstext Wohnen.doc 14.5.21
(5) Das Wort *katalyma* bezeichnet das Unterkommen als Gast. *katalyein* bedeutet ausspannen: das Gespann und sich selbst. Die Belegstellen zeigen, Reisende wurden in Privathäusern als Gäste aufgenommen, z.T. mit dem Wort *katalyein/katalyma*, z.T. mit anderen Formulierungen. - Im Dankpsalm für die Rettung Israels aus Ägypten wird der Tempelberg als künftige Wohnung Gottes *katalyma* genannt (2.Mo.15,13LXX).
(6) https://de.wikipedia.org/wiki/Weihnachtsgeschichte#/media/Datei:Soest-Geburt-Christi.jpg 2.8.20
(7) https://www.katholisch.de/artikel/15872-die-weihnachtsgeschichte-fuer-kinder-erzaehlt 2.8.20
(8) https://www.augustinus.de/einfuehrung/texte-von-augustinus-mit-online-uebers/weihnachten/239-der-sermo-189 15.8.20
(9) https://katholisches.info/2012/12/26/wie-ochs-und-esel-in-die-krippe-kamen-ueber-die-erkenntnis-des-herrn/ 15.8.20
(10) https://de.wikipedia.org/wiki/Weihnachtskrippe 2.8.20
(11) https://www.heiligenlexikon.de/Literatur/Kloster_Greccio.htm 8.3.20
(12) Sozialgeschichtliches Wörterbuch, S.208. - Mindestens die Kaiser Augustus und Claudius galten als Retter der Welt (laut Dichtung bzw. Inschrift). Jesus wird von Samaritanern als Retter der Welt erkannt (Jh.4,42). - Heute ist die Formel beschwert von den gewalttätigen Schatten des europäischen Kolonialismus und Imperialismus.
(13) https://de.wikipedia.org/wiki/Anbetung_der_Hirten 14.5.21
(14) Über Antijudaismus als Geburtsfehler des Christentums: K. Wengst: Wie das Christentum entstand. Gütersloh 2021. S.334

## 8. Wurde Gott Mensch?

Es gibt nur wenige Stellen in der Bibel, die den Gedanken „Gott wird Mensch" enthalten: Jh.1,14.18; 10,30; 17,5; 20,28 und Phl.2,6-7. Diese Bibelstellen schreiben die Göttlichkeit z.T. dem präexistenten und dem auferweckten Jesus zu, nur drei (Jh.1,14.18; 10,30) meinen den irdischen. Bei Paulus legt der irdische Jesus seine Göttlichkeit ab, bei Johannes ist sie aber dem irdischen Jesus anzumerken – jedenfalls für die, die ihn „aufnehmen".

Gott wird Mensch – in welchem Sinn ist das für mich glaubwürdig?

1. Gott wird Mensch in jedem Menschen, wie er Tier wird in jedem Tier und Baum wird in jedem Baum. Jedes Lebewesen ist ein Bächlein aus der Quelle des Lebens.

2. Gott wird Mensch, indem manche Menschen ihn deutlicher wahrnehmen als andere und er sich ihnen deutlicher mitteilt. Sie sind besonders offen für ihn und reden und handeln aus dieser Verbundenheit.

3. Gott wird niemals Mensch, sofern er immer Gott bleibt; sich mitteilt, aber sich nie aufgibt in eine andere Form des Lebens.

4. Die Formel „Gott wird Mensch (nur) in Jesus" ist für mich nicht glaubwürdig. Sie lebt von der innigen Verbundenheit des erwachsenen Jesus mit Gott: Verbundenheit durch Taufe und Wüstenzeit, durch Botschaft und Heilungen, durch die Vater-Anrede sowie durch seinen Tod im Vertrauen auf Gott und seine Auferweckung. Und die Formel verlängert diese Verbindung Jesu mit Gott – spekulativ, wie ich finde – nach rückwärts bis in die Zeit vor seinem irdischen Leben. Sobald man dem irdischen Jesus eine Präexistenz bei Gott zudenkt, ergibt sich daraus die Aussage „Gott wird Mensch" von selbst.

5. Entsprechend ist auch die Formel „Jesus – wahrer Gott und wahrer Mensch" für mich nicht glaubwürdig. Für den irdischen Jesus und seine (jüdische) Gemeinschaft einschließlich Paulus ist sie völlig unvorstellbar (Mk.10,18), ja Gotteslästerung. So hört der irdische Jesus auf, wahrer Mensch zu sein. Denn es gehört nicht zum Menschen, in dieser hervorgehobenen Weise „wahrer Gott" zu sein. Das Bekenntnis zu Jesus als wahrer Mensch ist aber für mich zentral, zeitgemäß und zutiefst glaubwürdig.
Die alte Formel bekommt allerdings für mich einen guten Sinn, wenn sie etwas beschreibt, was für alle Wesen gilt: Alle kommen aus der einen göttlichen Quelle, die in ihrem irdischen Dasein weiter fließt, sonst wären sie nicht da – auch wenn die meisten Menschen das nicht so wahrnehmen. Und am Ende münden sie ein ins Meer der unendlichen Güte des Lebens oder das unendliche Licht.

Die Aussage „Gott wurde Mensch" antwortet auf die Frage: Woher kommt Jesus? Ich möchte sie nicht spekulativ, sondern aufgrund der überlieferten Nachrichten beantworten:

Er ist aufgewachsen in Nazareth, seine Mutter hieß Mirjam, er hatte vier Brüder und mindestens zwei Schwestern, war Bauhandwerker, hat seine Familien- und Arbeitswelt in Nazareth hinter sich gelassen und ist an den Jordan zu Johannes dem Täufer gegangen. Er hat dort von der bevorstehenden Zeitenwende gehört und eine eigene Zeitenwende erlebt. Er ist untergetaucht im Jordan und wieder aufgetaucht in einem anderen Geist. Er ist dann anscheinend bei Johannes in eine Gemeinschaftswelt von Menschen eingetaucht, die gemeinsam für eine neue Welt leben wollten, und hat sich danach zurückgezogen.

Als er dann wieder nach Nazareth kommt, wo er aufgewachsen ist, sind seine Dorfgenossen erstaunt über ihn. Er redet öffentlich in der Synagoge, und sie fragen sich: Woher hat er die Weisheit seiner Worte und die Heilkraft seiner Hände? Sie kennen ihn nur als den, der er war: ein Handwerker für Bauarbeiten; der Sohn der Maria, d.h.

die Mutter hat maßgeblich für das Aufwachsen der Kinder gesorgt, darum heißen sie nach ihr, nicht nach dem Vater (wie z.B. auch 2.Sa.2,18). Alle kennen die Namen seiner vier Brüder, auch seine Schwestern leben im Dorf (Mk.6,2-3). Er selbst versteht sich als Prophet, der aber wie üblich in seiner Heimat nichts gilt (Mk.6,4).

Er lässt sich danach am See Genezareth nieder und ist dort umlagert von Kranken, die geheilt werden wollen. Seine Familie hört das, hält ihn für verrückt und will ihn in den Schoß der Familie zurückholen (Mk.3,20-21). Ein anderes Mal steht die ganze Familie draußen vor dem Haus und will Kontakt zu ihm. Die Zuhörenden sagen es ihm. Aber er antwortet: „Ihr seid meine Mutter, Brüder und Schwestern, wenn ihr euch nach Gottes Willen richtet." (Mk.3,31-35) Seine Gemeinschaft baut sich nicht aus Familienbeziehungen auf, sondern aus Menschen mit der Sehnsucht nach Heilung und der Bereitschaft, auf Gott zu vertrauen.

Er umgibt sich wie Johannes mit einer Gruppe von Schülern und Schülerinnen, wandert mit ihnen durchs Land, predigt und heilt. Dabei bringt er zum Ausdruck, dass die Herrschaft Gottes jetzt Wirklichkeit wird. Was Luther mit „predigen" übersetzt, meint nicht eine fromme Ansprache, sondern eine ab jetzt gültige öffentliche Bekanntmachung: Ein Herold ruft die für alle wichtige Freudenbotschaft aus, z.B. „Salomo ist König geworden" (1.Kö.1,42-44) oder „Gott ist König geworden" (Jes.52,7). Jesus wandert schließlich zum Passafest nach Jerusalem, wird dort gekreuzigt und begraben. Sein Grab ist später leer.

## 9. Untergetaucht im Jordan

Johannes der Täufer erneuerte anscheinend prophetische Traditionen. Er trug einen Fellmantel und einen Ledergürtel wie Elia (Mk.1,6; 2.Kö.1,8). Und er übernahm vielleicht vom Propheten Elisa das Tauchritual im Jordan, das den aramäischen Heerführer Naaman vom Aussatz gereinigt hatte (2.Kö.5,1-27). Johannes verstand sich damit als Wegbereiter des Gottesreichs und des Messias (Mk.1,2-3).

Die Taufe Jesu durch Johannes steht in allen Evangelien mehr oder weniger deutlich am Anfang seiner öffentlichen Tätigkeit. Es ist aber erstaunlich, wie unterschiedlich davon die Rede ist.

Bei Markus, dem frühsten Evangelisten, kommen viele zu Johannes, lassen sich im Jordan untertauchen und bekennen ihre Sünden. Er kündigt einen Stärkeren an, der mit dem Heiligen Geist tauft. Dann kommt Jesus und lässt sich von ihm untertauchen. Beim Aufsteigen aus dem Wasser sieht Jesus, wie sich der Himmel öffnet und der Geist auf ihn herabkommt, und er hört eine himmlische Stimme, die ihn als geliebten Sohn anredet (Mk.1,9-11). Diese Episode wird mit Worten des Propheten Jesaja erzählt: Der Himmel reißt auf (Jes.63,19), Gott bekennt sich zu seinem Erwählten und gibt ihm seinen Geist (Jes.42,1). Damit bekommt Jesus einen Auftrag als Retter und Licht der Völker (Jes.42,3-7).
Der Zusammenhang legt es nah, dass Jesus wie alle anderen zu Johannes kommt und seine Sünden bekennt, um beim Untertauchen davon gereinigt zu werden. Das übergeht aber der Erzähler und betont die besondere Rolle, die Jesus bei der Taufe einnimmt und bekommt. Die späteren Evangelisten setzen diese Linie fort.

Matthäus erzählt die Taufe Jesu so, dass Johannes sie ihm als unangemessen verweigern will, aber Jesus fordert sie um der Gerechtigkeit willen ein. Es ist klar, dass Jesus getauft wird, aber der Taufakt wird nicht erzählt (Mt.3,13-17).

Bei Lukas ist die Taufe Jesu eine kurze nachgetragene Notiz. Sie wird erzählt nach der Verhaftung des Johannes, darum bleibt der

Täufer dabei unerwähnt. Der heilige Geist ist zu einer realen Taube geworden (Lk.3,21-22).

Der Evangelist Johannes läßt den Täufer auf Jesus hinweisen: das Gotteslamm, ein Stichwort, das ihn zum angekündigten leidenden Gottesknecht erklärt (Jes.53,4-7). Der Täufer sieht den Geist auf Jesus kommen und versteht ihn darum als Gottessohn. Von der Taufe Jesu ist aber nicht mehr die Rede, vermutlich weil der Evangelist ihn als göttliche Gestalt sieht, zu der eine Reinigung durch die Taufe nicht passt.

Das Johannes-Evangelium überliefert noch eine Verbindung zwischen Johannes und Jesus, die in den anderen Evangelien ausgeblendet ist: Jesus hat anfangs eine Zeit lang in der Nachfolge des Täufers getauft und einen eigenen Jüngerkreis gehabt, so dass anscheinend Konkurrenz zwischen beiden entstand (Jh.3,22-26; 4,1-3). Diesen Jüngerkreis hat er offensichtlich später beibehalten und erweitert (Jh.1,35-51; Ap.1,21-22).
Jesus wurde zunächst mit seinen Jüngern als Nachfolger des Täufers wahrgenommen, der nach dessen Verhaftung und Hinrichtung dessen Arbeit fortsetzt. Darum erklärte man sich Jesu Heilungen damit, dass der getötete Täufer aufgeweckt und seine Kraft in Jesus wirksam sei (Mk.6,14-15). Und als Jesus wegen seiner Kritik am Tempelbetrieb („Tempelreinigung") zur Rede gestellt wurde, woher er das Recht dazu nähme, verwies er auf die spirituelle Autorität des Täufers: Er sah sich durch ihn mit einem göttlichen Auftrag versehen (Mk.11,27-33).

Anscheinend war der Täufer überzeugt, das Reich Gottes kommt bald. Mit der Taufe brachte er Gottes Vergebung zum Ausdruck und forderte dazu auf, das eigene Leben zu ändern, um im kommenden Gericht das Leben nicht zu verlieren (Mt.3,1-12).

Auf Jesus wirkte offensichtlich die Erfahrung der Taufe wie eine inspirierende Initialzündung, als beflügelndes Geschenk göttlicher Liebe. Nach der Verhaftung des Täufers verließ er die Taufumgebung in der Wüste am Jordan und hielt sich in der dicht

besiedelten Umgebung des Sees Genezareth auf. Er übernahm die
Überzeugung vom Kommen des Gottesreichs und die Forderung, das
Leben zu ändern (Mk.1,14-15). Aber das Kommen des Gottesreichs
war für ihn vor allem eine Heilsbotschaft, die sich in seiner
Gegenwart verwirklichte. Und so wurde der erste Tag seiner
Wirksamkeit, wie ihn Markus beschreibt, ein Tag voller Heilung
(Mk.1,21-34).

Jesus hat sich während seiner öffentlichen Tätigkeit von der
Nachfolge des Täufers gelöst und nicht mehr getauft, sich sogar von
ihm abgegrenzt (Mt.11,11). Der Täufer war wohl seinerseits
unsicher, ob Jesus der erwartete Messias ist, und bat ihn um
Auskunft (Mt.11,1-6). Jesu Jünger haben offensichtlich nach Ostern
das Taufritual aus ihrer ursprünglichen Täufergemeinschaft wieder
aufgegriffen (Ap.2,38). Paulus hält es dagegen für seine Aufgabe,
wie Jesus die Heilsbotschaft zu bringen, aber in der Regel nicht zu
taufen (1.Ko.1,17).

## 10. Bist du Gottes Sohn?

Jesus war ein Mensch wie jeder und jede von uns und ebenso besonders, wie wir alle besonders sind. Er war ein Kind des jüdischen Volkes mit jüdischen Eltern, Brüdern und Schwestern (Mk.6,5), hat in seiner Religion gelebt und war also mit dem gemeinsamen Gott verbunden. Er war ein Kind Gottes wie wir alle, wie alle Menschen.

Jesus hat sich auch selbst als Gottes Sohn verstanden. Den persönlichsten Ausdruck dieser Überzeugung finden wir in seiner Gottesanrede: Abba (Mk.14,36). Das ist die alltägliche (aramäische) Anrede des Kindes an seinen Vater, wie sie bis heute für alle jüdischen Kinder in Israel selbstverständlich ist. Alltagssprache, nicht rituelle Liturgiesprache. Als Anrede an Gott kann sie sich auf die prophetische Tradition berufen (Jes.63,16: „Du bist unser Vater."). Die Alltagssprache signalisiert aber eine große Vertrautheit. Das war offensichtlich auch für seine Nächsten auffällig und prägend. Denn Paulus als griechisch sprechender Jude hat seinen griechisch sprechenden neuen Gemeindegliedern die aramäische Gottesanrede Jesu weitergegeben (Rö.8,15; Ga.4,6), anscheinend um „die Neuen" in die vertraute Verbindung Jesu zu Gott mit hinein zu nehmen. Auch Jesus hat offensichtlich diese Anrede nicht ausschließlich für sich reserviert, sondern sie ebenso seinen Nächsten eröffnet (Lk.11,2; Mt.23,9).

Bei der Taufe wird Jesus als Gottes Sohn angeredet (Mk.1,11), und er bekommt damit eine prophetische Aufgabe zum Heil für die Erde (Jes.42,6). Es ist ein singulärer, aber doch menschlicher Auftrag für ihn.
In Mt.16,16 ist der Gottessohn ebenfalls etwas Herausgehobenes: „Du bist der Christus (der Gesalbte), des lebendigen Gottes Sohn." Beides waren Titel für den König Israels (Ps.2,1-7), also für einen führenden Menschen mit einem Auftrag von Gott. „Du bist mein Sohn, heute habe ich dich gezeugt" (Ps.2,7), das ist eine metaphorische Aussage zur Inthronisierung des Königs, bei der Gott den König sozusagen adoptiert.

Aus der Metapher in Ps.2,7 wird in Lk.1,35 ein biologischer Vorgang: Maria wird schwanger vom Heiligen Geist („Der Heilige Geist wird über dich kommen, und die Kraft des Höchsten wird dich überschatten; darum wird auch das Heilige, das geboren wird, Gottes Sohn genannt werden.")

In der Versuchungsgeschichte fordert der Teufel Jesus zu spektakulären Wundern auf, wenn er Gottes Sohn ist, d.h. er soll seine enge Verbindung zu Gott beweisen. Aber Jesus verweigert das. Mirakel zur Demonstration seiner Macht sind nicht sein Weg, sondern ein Irrweg (Lk.4,1-12). Denn alle Wunder, die in seiner Nähe geschehen, beruhen nicht auf seiner Wunderkraft, sondern auf dem Vertrauen, das er und die Hilfe Suchenden in diesem Moment Gott entgegen bringen.

Bei Paulus findet sich ein zweistufiges Bekenntnis zum Sohn Gottes: Der irdische Jesus ist Gottessohn als Nachkomme Davids (wie in Ps.2), der himmlische Jesus ist Gottessohn in Macht aufgrund seiner Auferstehung (Rö.1,3-4).

Das Johannes-Evangelium betrachtet Jesus als Verkörperung des schöpferischen Wortes Gottes. Es hat am Anfang alles geschaffen, dann in Jesus als Gottesgeburt Menschengestalt angenommen und Gott bekannt gemacht und ist jetzt göttlich bei ihm (Jh.1,1-3.14.18).

Diese Vorstellung von Johannes empfinde ich als spekulative Theologie, die aus dem Menschen Jesus eine göttliche Gestalt macht. Sie hat aber nachhaltig die Geschichte der Kirche geprägt. Im Unterschied dazu weist Jesus selbst jede irgendwie nach Gott klingende Verehrung zurück. Als ein Fragesteller ihn ehrerbietig mit „guter Meister" anredet, antwortet er schroff: „Was nennst du mich gut? Niemand ist gut außer Gott" (Mk.10,18). Das ist für mich überzeugend und macht deutlich, wie entschlossen er – trotz seiner tiefen Verbundenheit mit Gott – jede göttliche Verehrung abgelehnt hat.

Seine Verbindung mit Gott zeigt sich in Worten und Gesten: beispielsweise in der inneren Himmelsstimme bei seiner Taufe, im einsamen Gebet (Mk.1,35; 6,46), in der vertrauten Gottesanrede „Abba" (Mk.14,36), im hilfesuchenden Blick zum Himmel bei der Heilung (Mk.7,34), in der Überzeugung, dass Gebete eine heilende Kraft haben (Mk.9,39), im Wissen, dass die Heilung von Gott kommt, nicht von ihm (Mk.5,19), indem er auch in der Qual des Ausgeliefertseins und Sterbens mit dem jüdischen Sterbepsalm zu Gott Verbindung hält („Mein Gott!" Mk.15,34).

## 11. In den Himmel kommen

In meiner Kinderzeit gab es das Kindergebet: „Lieber Gott, mach mich fromm, dass ich in den Himmel komm." Ich vermute und hoffe, das gibt es heute nicht mehr. Es setzt voraus, dass wir jetzt und hier Gott wohlgefällig leben sollen, damit wir dann und dort an einen jenseitigen Ort namens „Himmel" kommen, wo es uns gut gehen wird. Diese Vorstellung wird genährt durch Stellen in der Bibel (z.B. Mt.7,21) und im Gesangbuch (z.B. EG 482,6) und ist darum vermutlich bis heute in kirchlichen Kreisen populär.

Die Vorstellung beruht wesentlich darauf, dass Mt. als einziger das Wort „Himmelreich" verwendet als Ersatz für das sonst gebrauchte „Gottesreich". Es meint „das Reich der Himmel", wobei „die Himmel" eine Umschreibung für Gott sind.
Das Gottesreich ist anscheinend bei Jesus etwas, was um ihn herum entsteht und wächst, das heilsame Kraftfeld Gottes, in dem nach seinen Regeln gelebt wird (z.B. Mk.4,30-32; Lk.10,18; 11,20; 17,21). Dafür gibt Jesus sein ganzes Engagement, sein Leben. Ins Gottesreich zu kommen bedeutet, sich der Bewegung Jesu anzuschließen. Dazu ist es nötig, das bisherige Leben weitgehend hinter sich zu lassen.

Jesus und seine Generation ist gestorben, ohne das Gottesreich über die Erde auszubreiten. Darum erwartete man dessen Vollendung in der Zukunft – oder gar nicht mehr auf der Erde, sondern „im Himmel". Solche Gedanken legten die Texte dann auch Jesus in den Mund.

Die Erfahrung vom „Gottesreich jetzt" kann *in* uns sein als Kraftfeld der Liebe, dem wir uns persönlich öffnen, und *zwischen* uns als Gemeinschaft, die von den Impulsen der Liebe geprägt ist. Ich bin überzeugt, es ging Jesus um die heilsame Veränderung unseres gemeinsamen Lebens auf der Erde. Auch nach dem Ende des persönlichen Lebens behält es eine bleibende Erinnerung und Nachwirkung für die Gemeinschaft.

## 12. Vertrauen rettet

Am Schluß einer Heilung sagt Jesus öfter zum geheilten Menschen:
Dein Vertrauen hat dich gerettet (z.B. Mk.10,52). Damit weist er von
sich weg. Er ist kein Wundertäter. Die Kraft der Heilung liegt nach
seiner Überzeugung im Vertrauen des kranken Menschen auf Gott.
Im Kraftfeld seiner Liebe wird Heilung möglich. Darum geschehen
auch in der Heimatstadt Nazareth kaum Heilungen. Man kennt ihn
von früher und misstraut ihm (Mk.6,5).

Wie kommt ein Bauhandwerker dazu, Heilung zu vermitteln? Er
wurde anscheinend mit seinen Worten und Heilungen auf der Spur
der Propheten gesehen (Mk.6,15). Dabei liegt es nah, dass er zuerst
Erfahrungen machte mit Berührt-Werden. Mk. erzählt die
erstaunliche Episode von einer kranken Frau, die sich in ihrer
Hilflosigkeit vornimmt, ihn heimlich zu berühren, es dann tut, sofort
bei sich die Heilung spürt, die auch Jesus spürt und die er mit Fragen
zu verstehen sucht. So als möchte er das Geschehene nachträglich
begreifen (Mk.5,28-30). An anderen Stellen wird erzählt, dass viele
ihn berühren wollen (z.B. Mk.6,56). Oft berührt er auch von sich aus
kranke Menschen (z.B. Mk.1,31; 5,41; 8,23).
Ein anderer Zugang zur Heilung ist eine Anrede, oft ein Befehl,
gerichtet an den kranken Menschen: Steh auf! oder an die Krankheit:
Fahr aus! (z.B. Mk.5,41; 9,25; Lk.7,14). Jesus spricht ein Machtwort,
manchmal, nachdem er den Wunsch erfragt hat (Mk.10,51).

In Mk.5,19b und 20a ist ein deutlicher Unterschied zu erkennen
zwischen der Überzeugung Jesu und der des Geheilten: Jesus sieht,
was Gott getan hat, und der Geheilte verbreitet, was Jesus getan hat.
So wird er zum Wundermann gemacht.

Manchmal spüre ich ein abgrundtiefes Vertrauen, mit dem er sich
zugleich selbst in diesem Moment exponiert: Im Boot schreit er den
Sturm an – und der hört auf (Mk.4,39). Ich glaube nicht, dass er
denkt, er könnte das machen. Aber er traut dem Leben zu, dass es
sich verändert, und er traut sich zu, dass er dazu beitragen kann. Das
traut er auch seinen Nächsten zu.

Heilung verbreitet Jesus auch bei Armut und Ungerechtigkeit. Viele Menschen in seiner Umgebung sind arm geworden durch Steuern und Verschuldung. So lebt auch Jesus mit seinen Leuten besitzlos und arm. Sie wohnen auf ihren Wanderungen bei Menschen, die ihnen Raum geben (Mk.1,29-31). Sie haben Hunger, so dass sie unterwegs Ähren vom Feld essen (Mk.2,23). Ein Reicher, der sich an Jesus orientieren will, soll seinen Besitz verkaufen und das Geld den Armen geben. Das möchte er nicht (Mk.10,21). Aber ein Zöllner, der im Dienst der Besatzungsmacht zur Verarmung der Bevölkerung beiträgt, soll seine Arbeit verlassen und mit Jesus gehen. Das tut er (Mk.2,14). Er feiert das sogar mit einem Festmahl, zu dem nicht nur seine Kollegen und andere zwielichtige Gestalten geladen sind, sondern auch Jesus mit seiner Begleitung. Ein buntes Miteinander, für manche empörend. Als viele Hungrige um ihn sind, teilt er mit ihnen, indem er alles weggibt, was seine Gruppe zu essen hat. Davon werden alle satt, wohl weil auch sie teilen, was sie haben (Mk.6,38-42). So wird aus geteilter Armut mehr als genug.

Jesus heilt auch Menschen, die ausgeschlossen werden, weil sie die geltenden Regeln verletzen: Zöllner, die im Dienst der Besatzung sich selbst bereichern (Lk.19,9), und Frauen, die unerwünschte sexuelle Beziehungen haben (Lk.7,48). Ihnen wendet er sich zu und sieht sie nah beim Gottesreich, weil sie offen sind für seine Botschaft, denn die öffnet ihnen einen Raum der Güte (Lk.7,34; Mt.21,31).

Jesus lebt in einer Welt, in der Gewalt regiert. Auch hier geht er einen Heilungsweg: Keine Gewalt! Bei gewalttätigen persönlichen Konflikten rät er zu provozierender Großzügigkeit (Mt.5,39-41), sicher auf der prophetischen Spur von Elisas Gastmahl für die Feinde (2.Kö.6,8-23). Von seinen Leuten erwartet er, dass sie lieber dienen als herrschen (Mk.10,42f). Und er leistet bei Verhaftung, Verhör und Hinrichtung keinen Widerstand – aber seine Ausstrahlung ist auch nach 2000 Jahren lebendig.

## 13. Geschichten auf dem Weg

Ein Traum wird wahr (Lk.17,11-19)

Ich möchte ein Erlebnis erzählen, das hat für mich die Überschrift: Ein Traum wird wahr. Ich verstehe es bis heute nicht ganz. Aber wer versteht schon alles, was er erlebt?

Also, wir sind wieder mal unterwegs auf einer unserer holperigen galiläischen Landstraßen. Die Sonne brennt von oben, der Staub von unten und die Kehle ist trocken. Aber wir reden miteinander im Gehen.

Wir, das ist eine Gruppe von Männern und Frauen, die mit Jesus wandern und von ihm lernen wollen. Da sind die Fischer, die Männer der ersten Stunde, die meistens den Ton angeben. Und da sind die Frauen, die – anders als das bei uns sonst üblich ist – durchaus ihre eigene Rolle spielen und daneben für alle arbeiten und aus ihrem Vermögen immer wieder die Gruppenkasse auffüllen. Dann sind bei uns Menschen, die Jesus geheilt hat von Krankheiten und Dämonen, vom Reichtum oder vom Terrorismus. Aber auch Mitläufer, wie ich zum Beispiel, die nicht so recht wissen, ob sie eigentlich dazugehören oder nicht. So sind wir eben miteinander unterwegs.

Ein Glück, vor uns liegt ein Dorf mit seinen würfeligen Lehmhäusern. Da wird es Schatten geben und Wasser, vielleicht auch etwas zu essen. Wahrscheinlich werden wir über Nacht bleiben. Die Kinder stehen – wie immer – am Ortseingang und sind neugierig: Wer kommt denn da? Bis wir da sind, hat sich schon eine ganze Reihe Dorfbewohner versammelt. Wir sind eben bekannt. Wo Jesus mit seiner Gruppe auftaucht, da laufen die Leute zusammen. Das ist für die armen Landbewohner ein Fest. Er erzählt ihnen sehr lebendig von einem neuen, befreiten Leben in Gottes Nähe. Die Menschen spüren etwas davon, wenn er redet. Das andere Leben ist dann wirklich in unserer Mitte. Manchmal heilt er auch einen Kranken. Und ab und zu wird gefeiert, einfach, aber fröhlich.

Während wir da am Ortseingang begrüßt werden, hören wir auf einmal ein vielstimmiges Geschrei. Das kommt von draußen vom Feld. Wir drehen uns um. Da kommt eine Gruppe Männer gelaufen. An ihren zerrissenen Trauerkleidern und wirren Haaren erkennt man gleich: das sind Aussätzige. Die müssen abseits der Orte leben, ausgestoßen, verachtet und von den andern gemieden. Man betrachtet sie mit Angst und Schauder. Wenn sie anderen Menschen begegnen, müssen sie schon von weitem rufen: „Unrein! Unrein!" Wer ihnen zu nah kommt, wird selbst unrein. Sie leben vom Betteln. Aber wer ihnen was geben will, muß es an den Wegrand legen und weitergehen. Erst dann dürfen sie es nehmen. So leben sie ohne Kontakt zu den anderen und ohne Aussicht auf ein menschenwürdiges Leben in der Gemeinschaft. Aussätzig sein ist fast wie tot sein.

Inzwischen sind sie da. Sie bleiben in der notwendigen Entfernung stehen und blicken herüber. Sie stecken die Köpfe zusammen. Dann rufen sie plötzlich im Chor, so laut sie können: „Rabbi Jesus, erbarm dich unser! Rabbi Jesus, erbarm dich unser!"

Ich weiß noch, wie mich dieser Moment gerührt hat. Die erschreckenden Elendsgestalten, die ekligen weißen Hautflecken, die bittend erhobenen Arme – und andererseits die Kraft ihrer Schreie, so als könnten sie damit den Himmel bewegen. Ich sehe Jesus an, sehe, wie etwas in seinem Gesicht arbeitet. Ist er auch gerührt? Dann ruft er ihnen zu: „Geht zum Tempel! Zum Priester! Laßt euch überprüfen!" Sie reden miteinander.

Und während dessen frage ich mich: Was werden sie jetzt tun? Die Priester sind ja unsere Gesundheitsbehörde. Die stellen fest, wer aussätzig ist und wer wieder gesund ist und in die Gemeinschaft zurückkehren kann. Aber die hier sind ja nicht gesund. Das weiß Jesus doch auch. Was stellt er sich bloß vor? Hat er irgendeine Hoffnung? - Und sie? Werden sie gehen oder nicht? – Da, jetzt setzen sie sich in Bewegung. Und tatsächlich in Richtung Jerusalem.

Die andern von uns sind schon ins Dorf gegangen. Ich gehe auch und

suche nach Jesus. Schließlich finde ich ihn auf der Gasse, umdrängt von Menschen, im Gespräch. Es dauert eine Weile, bis ich ihn beiseite ziehen und meine Frage loswerden kann: „Sag mal, was denkst du eigentlich, wenn du diese Aussätzigen zum Tempel schickst?"
Nach einer Pause sagt er: „Ich war erschüttert von ihrem Geschrei. Ich hab gedacht: Mein Gott, sie haben doch recht mit ihrem Hunger nach einem menschenwürdigen Leben. So kann es doch wirklich nicht bleiben in Gottes neuer Welt. Und da hab ich es gewagt, sie zum Priester zu schicken – in der Hoffnung, Gott wird irgendwas daraus machen. Und nachträglich frage ich mich selbst: Was wird aus ihnen? Und was mache ich da, wenn ich sie losschicke? Halte ich sie zum Narren? Oder bin ich ein Hochstapler? Oder hat der Traum unseres Vaters im Himmel von einem menschenwürdigen Leben auf der Erde so viel Kraft, dass er wahr wird?"

Ja, und in dem Moment höre ich auf der Gasse irgendwo Rufe. Erst kann ich sie nicht verstehen. Aber sie kommen schnell näher und werden lauter. Und dann erkenne ich Psalmverse, die offensichtlich jemand beim Gehen vor sich hin schreit:
„Lobe den HERRN, meine Seele,
und was in mir ist, seinen heiligen Namen!
Lobe den HERRN, meine Seele,
und vergiß nicht, was er dir Gutes getan hat:
der dir alle deine Sünden vergibt
und heilet alle deine Gebrechen,
der dein Leben vom Verderben erlöst,
der dich krönet mit Gnade und Barmherzigkeit.
Lobe den HERRN, meine Seele …"
und immer so weiter. Da sehe ich, das ist einer von den Aussätzigen. Alle drehen sich nach ihm um. Er ist offensichtlich gesund und vor Freude verrückt geworden.

Jetzt entdeckt er Jesus und kommt still auf uns zu. Er wirft sich auf die Knie und berührt den Boden mit Stirn und Händen. Seiner Kleidung nach ist er ein Samaritaner, einer von unserem halbjüdischen Nachbarvolk, das bei uns Juden verhasst ist. Er dankt

Jesus mit einfachen Worten. Dann sagt er: „Wir waren erst unschlüssig. Wie sollten wir zum Priester gehen, wenn wir doch krank sind? Aber ich hab gesagt: Jesus hat uns geschickt. Stellt euch vor, wir werden gesund. Stellt euch das bloß mal vor! Es ist unsere einzige Chance. Ich gehe! – Und da sind wir gegangen. Und unterwegs habe ich auf einmal gemerkt, unsere Haut ist gesund geworden. Sie ist überall rein und neu. Wir waren überglücklich. Und da musste ich zuerst umkehren und es dir sagen."

Jesus hat bis dahin zugehört. Aber dann wendet er sich zu uns, schroff, knurrig, und sagt: „Waren es nicht zehn? Haben es die anderen es nicht nötig, Gott zu danken? Nur dieser Ausländer da?" Ich bin erschrocken und denke: Manchmal ist er wirklich ein Rassist. Aber dann besinnt er sich und sagt freundlich zu dem Fremden: „Ich schenke dir was, weil du zurückgekehrt bist. Komm, steh auf, dies ist deine Auferstehung. Geh in Frieden deinen weiteren Weg. Und weißt du, was dich gerettet hat? Die Kraft des Glaubens, mit dem du aufgebrochen bist. Dein großes Vertrauen auf Gottes Traum vom neuen Leben, das hat dich gerettet."

Ja, das ist die Geschichte, die ich erzählen wollte. Sie bewegt mich bis heute, obwohl – wie gesagt – erklären kann ich sie mir nicht. Aber ich finde, Hauptsache, so was passiert.


Das kleine Wunder (Mk.4,30-32)

Viele Menschen machen sich Sorgen. Sie haben Angst vor Gewalt, vor Arbeitslosigkeit und Armut, vor Einsamkeit, Krankheit und Abhängigkeit. Und wenn wir in die weite Welt schauen, hören wir von Kriegen und Aids, von Flüchtlingselend und Hungertoten – jährlich 50 Millionen, so viele Tote wie im ganzen 2. Weltkrieg! –, gleichzeitig von unvorstellbarem Reichtum und von der bedrohlichen Veränderung unseres Klimas, weil wir so leben, wie wir leben. Was kann uns helfen? Was können wir tun? Oft fühlen wir uns ratlos und ohnmächtig. Ich möchte dazu eine Geschichte aus der Bibel erzählen und nenne sie: das kleine Wunder.

In meinen Gedanken sehe ich vor mir diese merkwürdige Gruppe von Männern und Frauen überwiegend aus ärmlichen Verhältnissen. Sie wandern über die Landstraßen von Ort zu Ort zusammen mit ihrem Meister. Es ist Mittagszeit. Sie machen Rast und finden einen Platz zum Sitzen zwischen den Kräutern am Wegrand.
Sie sprechen über ihr großes Thema: die große Veränderung, das Gottesreich. Und sie sagen:
Meister, du erzählst uns immer wieder von dieser großen Veränderung. Und wir leben und arbeiten dafür. Wir teilen, was wir haben, und wir kümmern uns um Arme und Kranke. Aber das, was wir erwarten, ist doch ein gewaltiges Ereignis, das die ganze Erde umfasst. Alle sollen dazugehören: Große und Kleine, Starke und Schwache, Mächtige und Ohnmächtige. Er stößt die Gewaltigen vom Thron und erhebt die Niedrigen, so heißt es. Und alle werden auch innerlich verwandelt. Sie leben friedlich und gerecht miteinander und freuen sich, wenn alle haben, was sie brauchen.
Wie soll das möglich sein? Wie sollen wir das glauben? Was haben wir denn in der Hand? Wir haben doch nur eine so winzige Kraft. Du hast deine besonderen Worte und Hände und deinen besonderen Glauben an den Vater im Himmel. Aber wir haben nur unsere einfachen Worte und Hände und unseren einfachen Glauben.

Der Meister schaut auf die Erde, wie er es manchmal tut, wenn er nachdenkt oder nach einer Geschichte sucht, die er als Antwort erzählen könnte. Er sieht sich um, pflückt neben sich eine kleine Schote ab, öffnet sie vorsichtig und nimmt einen der winzigen braunen Samen zwischen Daumen und Zeigefinger. Dann schaut er auf und sagt: Ich habe hier zwischen meinen Fingern ein Senfkorn. Aber ich spüre es kaum, so klein ist das. Und wenn ich es jetzt auf meine Hand lege, dann spüre ich es gar nicht, so winzig ist das. Ja, was habe ich da in der Hand?
Aber wenn ich dies Körnchen hier zur richtigen Zeit in die Erde stecke, dann passiert ein großes Wunder: Der Samen schlägt Wurzeln, der hat es in sich. Er geht auf und wächst und wächst und wächst, bis eine große Pflanze daraus geworden ist, so groß wie wir. Das könnt ihr hier überall sehen. Sie bekommt ihre gelben Blüten

und ihre braunen Schoten. Und die Vögel des Himmels hüpfen zwitschernd auf ihren Zweigen und fressen von den Samen, oder sie ruhen sich im Schatten unter den großen Blättern aus.
Könnt ihr euch vorstellen, dass solche große Pflanze mit all dem bunten Leben in diesem winzigen Samenkorn enthalten ist? Das können wir uns nicht vorstellen. Aber es passiert an jedem Straßenrand, weil es dieses kleine Wunder gibt, was ich in der Hand habe.

Hm, sage ich als Zuhörer aus der Ferne, so klein kann also die Kraft sein, aus der die große Veränderung wächst. Wir brauchen nur winzige Samenkörner zu säen, vielleicht einen Satz, einen Blick, eine Berührung mit einer Spur von der großen Veränderung. Die hat es in sich. Denn daraus entsteht etwas Wunderbares: ein lebendiges Gemeinwesen mit bunten Vögeln, die da zwitschern, sich nähren und ausruhen. Sagt der Meister. Nicht ewig, nicht großartig, nicht weltweit, nicht sicher – ob aus dem Samen etwas wird, das haben wir nicht in der Hand –, aber hier und da, klein, einfach und für kurze Zeit. Zeit genug, um neuen Samen auszusäen …


Aufstehen! (Mk.2,1-12)

Es gibt ein Erlebnis in meinem Leben, das kann ich gar nicht vergessen und davon muß ich immer wieder erzählen. Es hat bei mir die Überschrift: Aufstehen!

Dabei geht es um einen Nachbarn und Freund von mir. Wir wohnen in Kafarnaum am See Genezareth, und wir kennen uns natürlich ein Leben lang.
Also: Er war immer schon eher still, aber ein tüchtiger Mensch, den man jederzeit um Hilfe bitten konnte. Aber irgendwann fing er an, sich zurückzuziehen. Er wurde stiller, machte nur noch mit, wenn es sich schlecht vermeiden ließ, wurde schwächer und lag viel.
Schließlich hörte er ganz auf zu arbeiten und lag nur noch auf seiner Matte wie ein Stein. Auch Hände und Kopf bewegte er kaum.
Manchmal habe ich mich leise gefragt: Kann er sich nicht bewegen –

oder will er nicht? Der Arzt konnte jedenfalls nichts feststellen und ihm nicht helfen. Es war, als läge eine Last auf ihm. Vielleicht trug er auch etwas in sich, was ihn belastete. Er redete kaum, wollte nichts. Er war ja auch ständig auf Hilfe angewiesen, und die Familie hat schwer daran getragen.

Einmal als ich ihn besuchte, fand ich sein Gesicht so verzweifelt und versteinert. Mir war, als wäre er in einen engen, unsichtbaren Kasten eingesperrt, aus dem er nicht heraus konnte – oder wollte. Ich weiß nicht, ob ihr euch das vorstellen könnt. Ich habe ihn darauf angesprochen. Aber er hat mich gar nicht angesehen. Und dann fing er an, halblaut vor sich hin zu sprechen:

„Gott sei mir gnädig, denn mir ist angst.
Mein Auge ist trübe geworden vor Gram,
matt meine Seele und mein Leib.
Denn mein Leben ist hingeschwunden in Kummer
und meine Jahre in Seufzen.
Meine Kraft ist verfallen durch meine Missetat,
und meine Gebeine sind verschmachtet.
Ich bin eine Last meinen Nachbarn
und ein Schrecken meinen Bekannten.
Ich bin vergessen in ihrem Herzen wie ein Toter,
ich bin geworden wie ein zerbrochenes Gefäß.
Gott, ich bin von deinen Augen verstoßen."

Das waren Worte aus unserem Gebetbuch, den Psalmen. Dann war er still, - ich auch, völlig bestürzt und sprachlos. Schließlich habe ich mich leise verabschiedet, aber er reagierte gar nicht darauf.

Draußen auf dem Weg nach Hause habe ich gedacht: Wie schrecklich, diese Lähmung! Wie kann man das bloß aushalten? Aber dann fiel mir plötzlich ein: Das ist, als hätte ich eben auf der Matte auch unser Volk liegen sehen. Denn viele von uns sind innen drin gelähmt und verzweifelt. Nur man sieht es nicht so deutlich. Wir schuften den ganzen Tag von Sonnenaufgang bis Sonnenuntergang. Aber trotzdem haben wir nur das Nötigste, und viele nicht mal das. Was wir mit unseren Händen erarbeiten, das nehmen sich zum großen Teil die Herrschenden, die Römer, die Zöllner, die Reichen. Und wir? Wir hungern, wir frieren, wir verkaufen uns als Sklaven.

Und wer aufmuckt, der wird geschlagen, eingesperrt, enteignet, gekreuzigt. Wir gehen am Sabbat in den Gottesdienst und danken Gott, dass er uns am Leben erhält, und bitten ihn, dass er uns errettet. Aber trotzdem gehen viele von uns traurig und hoffnungslos durch den Tag. Vielleicht kennt ihr ja auch solche lähmende Hoffnungslosigkeit. Dann denken wir, Gott hat uns vergessen. Und so tragen wir alle bei zu dieser Verzweiflung. Ich auch.

Jedenfalls bis zu diesem Tag, von dem ich erzähle. Damals war nämlich gerade der Jesus zu uns gekommen. Er wohnte beim Fischer Simon. Und er erzählte vom Gottesreich, also davon, dass bei uns Gerechtigkeit einkehren soll und Freiheit und Freude und Heil. Die Leute aus dem Ort und aus der Umgebung kamen in Scharen und hörten ihm zu. Und sie gingen zum großen Teil glücklich und voller Hoffnung nach Hause. Manche wurden sogar gesund.

Und an diesem Tag habe ich gedacht: Jetzt hör ich mir das auch mal an. Vielleicht ist ja was dran. Als ich hinkam zum Haus von Simon, war das Haus voller Menschen, auch der Hof davor, und sogar auf der Gasse standen die Leute. Ich konnte nur schlecht hören. Aber was ich mitkriegte, war für mich wie eine Botschaft aus einer anderen Welt. Jesus sagte:
Wartet nicht auf das Gottesreich!
Es kommt jetzt, hier in eurer Mitte.
Wenn ihr nur Glauben habt, so groß wie ein Senfkorn.
Ihr Hungrigen werdet satt. Ihr Weinenden werdet lachen.
Ja, ich sage euch:
Selig sind die Traurigen, denn sie werden getröstet."
Das fand ich unglaublich. Wir Traurigen und Verzweifelten werden glücklich gepriesen? Weil wir getröstet werden? Hier und Jetzt?

Ich ging nach Hause und wusste, ich will herausfinden: Sind das nur Worte? Ist das nur ein schöner Traum? Oder ist das wahr? Immer wieder hörte ich diesen Satz in mir: Selig sind die Traurigen, denn sie werden getröstet. Und als ich zu Hause war, hatte ich einen Plan.

Ich habe mir noch drei Nachbarn gesucht, und mit denen bin ich zu meinem gelähmten Freund gegangen. Ich habe gesagt: „Wir bringen dich jetzt zu Jesus." Aber er sah uns verständnislos an. Wir nahmen seine Matte an den vier Ecken und gingen los. Unterwegs beim Tragen habe ich gedacht: Was für eine Last ist dieser Mensch! Und wie abweisend und hoffnungslos! Selig sind die Traurigen?

Wir kamen in die Gasse, wo die Leute standen. Da haben wir erst mal Pause gemacht und überlegt. Dann versuchten wir vorsichtig, uns in den Hof zu drängen. Die Leute machten uns sogar Platz, so gut sie konnten. Aber es war kaum möglich. Alle standen dicht gedrängt und konnten nirgendwohin ausweichen. Es gab auch Unruhe und Ärger. Da sind wir schließlich zurückgegangen in die Gasse. Was sollten wir machen? Aufgeben? Es hatte ja wirklich keinen Zweck. Aber ich hörte in mir die Stimme sagen: „Denn sie werden getröstet. Wenn ihr nur Glauben habt, so groß wie ein Senfkorn." Wir überlegten gemeinsam, und dann haben wir gesagt: „Wenn es auf normalem Weg nicht geht, dann machen wir eben was Verrücktes. Wir geben nicht auf."

Dann haben wir eine Feldhacke gesucht und zwei Seile und eine Leiter. Und auf der sind wir von hinten auf das Haus gestiegen mit unserem gelähmten Freund. Das war schon ziemlich schwierig. Und dann haben wir angefangen, das Lehmdach aufzuhacken. Das war ja wirklich verrückt, auch wenn es bei uns im Sommer nicht regnet. Schwere Sachbeschädigung. Aber das war mir egal. Ich hab mir immer das empörte Gesicht von dem Jesus vorgestellt. Dabei kann man ja nicht vom Gottesreich erzählen, wenn einem Leute aufs Dach steigen und da oben hacken und Äste abbrechen, dass einem die Brocken auf den Kopf fallen. Natürlich haben wir uns bemüht, so vorsichtig wie möglich zu arbeiten. Aber bestimmt haben einige was auf den Kopf gekriegt.

Jesus redete zuerst weiter, aber dann war er still. Und alle warteten offensichtlich, was passieren würde. Man spürte richtig die Anspannung des Schweigens da unten. Und dann war schließlich das Loch so groß, dass wir unseren gelähmten Freund mit den Seilen langsam nach unten lassen konnten. Ich sah zuerst die schlaffe

Gestalt und das abweisende Gesicht unter mir. Und dann die Leute, die blickten zum Teil empört und genervt nach oben. Und schließlich sah ich auch Jesus. Der in der Mitte, das musste er sein. Unser Freund kam genau vor ihm zu liegen. Die Leute waren ein bisschen zur Seite gerückt. Und Jesus sah ihm freundlich und aufmerksam ins Gesicht. Und dann schaute er zu uns nach oben. Ich kann nur sagen: Da war nichts von Empörung in seinem Gesicht. Nur eine große Wärme und eine heitere Zustimmung. So als begreift er genau, was wir denken und tun. Und als findet er das Verrückte überhaupt nicht verrückt, sondern eher ermutigend. So als will er uns sagen: Ja, das ist es, was ich meine.

Und dann sah er wieder auf unsern gelähmten Freund. Und nach einer langen Pause sagte er zu ihm: „Mein Junge" – obwohl er doch ein erwachsener Mann war – „mein Junge," sagte er, „deine Schuld wird vergeben." Es gab ein Gemurmel im Raum, das hörte sich wie Unwillen an. Aber über das Gesicht unseres Freundes ging eine kleine Bewegung. Ich weiß nicht, war das ein winziges Lächeln? Jedenfalls wandte er sich zu Jesus. Und der sagte zu ihm: „Steh auf, nimm deine Matte und geh nach Hause." Das war nun wirklich verrückt. Wir alle hielten den Atem an und schauten auf ihn. Und dann – kaum zu glauben! – hob er zögernd seinen Kopf, stützte sich auf einen Ellbogen, richtete sich unendlich langsam auf zum Sitzen, machte eine Pause, kam dann mühsam auf die Knie und schließlich sogar auf die Füße. Die Leute halfen ihm dabei. Dann bückte er sich unsicher nach seiner Matte, rollte sie langsam ein, nahm sie unter den Arm. Und dann, erstaunt und wackelig, versuchte er die ersten vorsichtigen Schritte. Die Leute machten ihm Platz, so gut es ging. Und während er sich langsam und unbeholfen zum Ausgang tastete, fing er leise an zu sprechen:
„Lobe den Herrn, meine Seele,
und was in mir ist, seinen heiligen Namen."
Und wir alle haben mit ihm weiter gesprochen:
„Lobe den Herrn, meine Seele,
und vergiß nicht, was er dir Gutes getan hat:
der dir alle deine Sünden vergibt
und heilet alle deine Gebrechen,

der dein Leben vom Verderben erlöst,
der dich krönet mit Gnade und Barmherzigkeit ..."

So ging er nach Hause, begleitet von einem Nachbarn und getragen
von unserem gemeinsamen Psalm. Und mir fiel ein Stein vom
Herzen und ich begriff: Jetzt ist seine lähmende Verzweiflung zu
Ende. Und wir haben gesehen und gespürt: Wenn wir auf Jesus hören
und im Vertrauen auf Gott unsere Last ablegen, dann können wir
aufstehen, dann kann unser Leben neu beginnen, und das Gottesreich
ist in unserer Mitte.

### Ein ungewöhnliches Fest (Lk.5,27-32)

Jesus wohnte eine Zeit lang in Kapernaum am See Genezareth. Eines
Tages ging er zum Seeufer. Da kam er am Zollhaus vorbei.
Kapernaum lag nämlich an der Grenze. Und wer von außerhalb mit
Waren durchreisen oder nur in den Ort wollte, musste Zoll bezahlen.
Das war für alle ärgerlich. Nicht nur weil sie bezahlen mussten. Oft
nahmen die Zöllner auch mehr, als sie eigentlich durften. Und das
Geld steckten sie in die eigene Tasche. Sie konnten sich das leisten,
denn sie hatten die Römer hinter sich, die das Land besetzt hatten.
Sie waren von den Römern eingesetzt, und für die arbeiteten sie.
Darum waren alle wütend auf die Zöllner und verachteten sie als
Diebe und Römerknechte. Niemand wollte mit ihnen zu tun haben.

Jesus kam also am Zollhaus vorbei und sah den Zöllner hinter
seinem Tisch sitzen. Er hieß Levi. Vielleicht stand auch seine Kasse
auf dem Tisch. Jesus blieb schweigend und nachdenklich vor dem
Tisch stehen, obwohl er ja nichts zu verzollen hatte. Er sah den Levi
an und wusste: Das ist ein Mensch, der hat viel Geld und Macht, der
tut aber auch viel Unrecht. Und darum verachten ihn alle. Das ist
schrecklich. Levi sah umgekehrt Jesus an und wusste: Der hat kein
Geld und keine Macht, aber er ist ein Prophet. Der hat Gott hinter
sich. Der erzählt vom Gottesreich, von Gottes neuer, gerechter Welt,
die jetzt hier bei uns beginnen soll. Er teilt Gottes Freundlichkeit aus
und macht Kranke gesund. Das ist wunderbar. So sahen sie sich an

und hatten jeder seine Gedanken.

Und in diese gegenseitige, aufmerksame Stille sagte Jesus auf einmal zu Levi: Komm, steh auf, und geh mit mir. Komm in unsere Gemeinschaft für Gottes neue Welt.

Ich stelle mir vor, Levi war zuerst völlig verdattert. Ich, der Zöllner, der Dieb, soll in die Gemeinschaft für Gottes gerechte Welt kommen? Wo mich alle verachten? Und erst recht muss mich doch Gott verachten. Und soll ich mein Leben, meine Sicherheit, meine guten Einkünfte von einem Moment zum andern aufgeben? Und zu einer Gemeinschaft von Habenichtsen gehören?

Offensichtlich hat er gespürt: In diesem Moment mit den Worten von Jesus streckt Gott mir seine Hand hin. Er bietet mir ein neues Leben an. Und da – stand er auf  und ging mit Jesus und schloß sich seiner Jünger-Gemeinschaft an.

Er begriff und spürte beglückt: Jetzt ändert sich endlich mein Leben. Jetzt komme ich auf einen neuen, guten Weg. Darum ließ er in seinem Haus ein großes Festessen vorbereiten. Er lud Jesus und seine Gemeinschaft dazu ein. Er wollte mit ihnen den Anfang seines neuen Lebens feiern. Er lud aber auch seine Kollegen und andere zwielichtige Gestalten ein, die sich für Jesus interessierten. Es war ein ungewöhnliches Fest. Denn der sich vorher bereichert hatte, teilte jetzt aus. Und Fromme und Unfromme saßen friedlich miteinander am Tisch. Und vielleicht schmeckte das Essen ein bisschen nach Gottes neuer Welt.

Einige von den frommen Bibellehrern im Dorf hörten von dem Fest und ärgerten sich. Sie gingen hin und wendeten sich an Leute aus der Jesus-Gemeinschaft und sagten: Warum feiert denn euer Meister mit diesem schlechten Gesindel? Wir sollen uns doch vom Bösen fernhalten, so steht es in der Bibel. Als Jesus das hörte, ging er zu ihnen nach draußen. Er verstand ihre Frage und sagte: Ihr wisst doch, Gott ist barmherzig und freut sich, wenn die Verlorenen wieder gefunden werden. Die Kranken brauchen den Arzt, nicht die

Gesunden. Ich bin gekommen einzuladen die Schlechten, nicht die Gerechten.

## Wie man hineinkommt (Mk.10,1-16)

Vor mir sehe ich einen kleinen Platz mit Brunnen, umgeben von ärmlichen Häusern aus gelben Lehmziegeln. Ein judäisches Dorf. Der Platz ist voll von Menschen. Dicht gedrängt hocken sie auf der Erde oder stehen in kleinen Gruppen beieinander und reden. Ich sehe, es sind ganz überwiegend Männer. Eine Gruppe in der Mitte des Platzes fällt mir besonders auf, da ist offensichtlich ein hitziges Gespräch im Gange. Ein Mann steht in der Mitte, und eine ganze Traube von Neugierigen hat sich um ihn geschart. Ihre Gesichter sehen ernst oder sogar verbissen aus. Einer zeigt auf den in der Mitte: Du hast doch eben gesagt … Wir kennen solche Diskussionen. Da geht es um Recht haben und nicht um Verstehen. Einige Wortfetzen wehen herüber: Aber wir haben ein Recht auf Scheidung … Moses hat doch geschrieben … Aha, darum geht es. Darüber streiten sie.

Da entsteht Bewegung am Rand des Platzes. Frauen mit Kindern an der Hand und auf dem Arm drängen sich durch die Menschen auf die Mitte zu. Die Kinder sind nicht leise. Einige von den diskutierenden Männern sehen sich ärgerlich um. Jetzt haben die Mütter mit ihren Kindern die Gruppe in der Mitte fast erreicht. Da drehen sich mehrere von den Männern um, stemmen die Hände in die Hüften und bilden eine Sperre. „Wo wollt ihr hin?" fragen sie laut. „Zu Jesus", sagen die Frauen. „Was? Jetzt? Was wollt ihr denn überhaupt", fragen die Wächter. „Wir möchten, dass er unsere Kinder anrührt", sagen die Frauen. Da poltern die Wächter los: „Was fällt euch ein? Hier geht es um die Schöpfungsordnung und Lebensregeln im Gottesreich. Davon versteht ihr nichts und die Kinder schon gar nicht. Macht, dass ihr wegkommt. Merkt ihr nicht, dass ihr stört? Wartet gefälligst, bis der Meister Zeit hat für euch!" Sie waren laut geworden.

Nach dieser Schimpfkanonade tritt ein angespanntes Schweigen ein. Die Herren Wächter sehen sich Zustimmung heischend nach ihrem Meister um. Aber zwischen seinen Augenbrauen ist eine tiefe Zornesfalte entstanden. Und dann herrscht er sie an: „Was fällt euch denn ein? Wißt ihr nicht mehr, wofür wir unterwegs sind? Laßt sofort die Kinder zu mir. Wenn jemand etwas vom Gottesreich versteht, dann sie. Und ich sage euch, wenn ihr nicht Gottes Freundlichkeit annehmt wie sie, dann werdet ihr sie nie begreifen. Schaut her!" Und Jesus breitete seine Arme aus, und die Kinder drängten sich zu ihm. Er umarmte und drückte sie. Und er legte jedem einzeln die Hand auf den Kopf, sah es an und sagte zu ihm: „Der Gott, der mit unseren Vorfahren gewandert ist und der unser Volk beschützt hat bis heute, der segne dich und lasse dich wachsen und groß werden." Und als schließlich alle Kinder gegangen waren, sah er die Umstehenden an und sagte zu ihnen: „Seht ihr, so kommt man ins Gottesreich, und so nimmt man es an."

## 14. Das Schwert im Jüngerkreis
oder: Wie die Gewalt in die Jesusbewegung kam

Hat Jesus gewaltfrei gelebt und von seinen Anhängern Gewaltfreiheit gefordert? Die Bergpredigt (Mt.5,38-48) legt das nah. Wie konnte es dann im Jüngerkreis ein Schwert geben? Und wie konnte die spätere Kirche so gewalttätig sein?

Wie es zum Schwert im Jüngerkreis kam, wird verständlich, sobald man die vier Fassungen der Geschichte von der Verhaftung Jesu nicht gleichrangig nebeneinander liest, sondern nacheinander, wie sie entstanden sind. Und wenn man bedenkt, dass die späteren auf die früheren reagieren, dann ergibt sich ein überraschendes Bild:

Beobachtungen zum Schwertschlag bei Jesu Verhaftung

Mk.14,43-52: In der ältesten Fassung sind die Jünger unbeteiligt. Der Schwertschlag eines Dabeistehenden ist ein Missgeschick zwischen den Soldaten, wohl verursacht durch Dunkelheit und Durcheinander. Judas wird ja gebraucht, um Jesus zu identifizieren. Jesus reagiert auf den Schwertschlag mit Kritik an den Soldaten. Sie hat anscheinend den Sinn: Das ist euch passiert, weil ihr bewaffnet und nachts kommt; aber ich bin kein Terrorist und agiere nicht bewaffnet und verdeckt, sondern öffentlich.

Hinweise für den Schwertschlag eines Soldaten:
- Die „dabei stehen", sind bei Markus nie Jünger, sondern immer „Andere" (11,5; 14,69.70; 15,35.39).
- Die Jünger werden im Text bis auf den Schluß (ihre Flucht) nicht erwähnt. Wenn beim Schwertschlag ein Jünger gemeint wäre, müsste das ausgesprochen sein.
- Bisher war von einem Schwert bei den Jüngern nicht die Rede, darum müsste das deutlich benannt sein.
- Die Soldaten kommen mit Schwertern. Es liegt also nah, daß der Schwertschlag von ihnen kommt.
- Jesus antwortet auf den Schwertschlag mit Worten an die Soldaten und erwähnt dabei kritisch ihre Schwerter.

- Er übt jeweils nach dem Schwertschlag eines Jüngers Kritik an ihm, aber nicht bei Markus.

Mt.26,47-56: Matthäus schreibt den Schwertschlag einem Jünger zu. Er möchte vermutlich die vage Formulierung („ein Dabeistehender") verdeutlichen, die irritierende Nachricht vom Missgeschick der Gegner beseitigen und den Jüngern eine Jesus mehr zugewandte Rolle geben. Oder er hat Markus missverstanden. Er hält eine Reaktion Jesu auf die Gewalttat des Jüngers für nötig und fügt sie hinzu: Jesus beendet den Waffengebrauch und erklärt sich grundsätzlich gegen Waffengewalt (sie führt nicht zur Befreiung, sondern zu tödlicher Gegengewalt). Matthäus legt ihm den Zugriff auf eine himmlische Verteidigungsmacht von mehr als 12 Legionen Engeln in den Mund, aber Jesus bleibt bei seinem Leidensweg.

Lk.22,35-38.47-54: Inzwischen gehört der Schwertschlag des Jüngers zur Tradition. Darum entsteht die Frage: Wie kann es beim gewaltfreien Jesus ein Schwert geben? Die Tradition erklärt das so, Jesus selbst habe den Auftrag zum Schwertkauf gegeben. Allerdings gilt der nur für jetzt und widerspricht den bisherigen Aufträgen an die Jünger. Die Schwerter dienen nicht zur Verteidigung, sondern dazu, dass Jesus verheißungsgemäß wie ein Gewalttäter wird (Jes.53,12). Es gibt schon zwei Schwerter im Jüngerkreis, mehr lässt Jesus nicht zu. Eins wird benutzt, das andere - jesusgemäß - nicht.

Trotz der jetzt positiven Haltung Jesu zum Waffenbesitz fragen die Jünger ihn bei der Annäherung des Verräters, ob sie zuschlagen sollen. Der Waffengebrauch bleibt ihnen also weiter fragwürdig. Jesus gibt keine Zustimmung. Aber ohne die Antwort abzuwarten, schlägt ein Begleiter Jesu (gemäß der Tradition) zu: ein Verteidigungsschlag, der die Verhaftung aufhält (sie wird erst am Schluss erzählt). Daraufhin beendet Jesus die Aktion, billigt aber damit schweigend das bisher Geschehene. Das Ergebnis der Gewalt lässt er auch in seinem letzten freien Moment nicht auf sich beruhen, sondern heilt den vom Jünger angerichteten Schaden.

Die Notiz von den zwei Schwertern hat dauerhaft die europäische

Geschichte geprägt: Daraus entstand die Überzeugung, Jesus habe für den Notfall Gewalt gebilligt und dazu in seiner Gemeinschaft zwei Schwerter eingesetzt. So begründete und heiligte man über Jahrhunderte die Gewaltausübung von Papst und Kaiser als Trägern des geistlichen und des weltlichen Schwertes („Zwei-Schwerter-Lehre"). Der Gedanke floß ein in Luthers Zwei-Reiche-Lehre und prägt so bis heute kirchliche Vorstellungen von Staat und Kirche.

Heidelberger Schwabenspiegel, 1350, Zwei-Schwerter-Lehre
(Heidelberg, Universitätsbibliothek, Cod. Pal. Germ. 167, fol. 18r)

Jh.18,3-12: Im spätesten Text kommen Judas und die Schar mit Licht. Entsprechend entfällt der Judaskuss, und Jesus stellt sich selbst. Er fragt selbstbewusst die Soldaten, nach wem sie fahnden, und fordert freien Abzug für die Jünger. So entfällt auch ihre Flucht. Das Schwert ist jetzt mitten im Jüngerkreis bei Petrus angekommen. Kein Wunder, dass später in der auf Petrus und sein Bekenntnis gegründeten Kirche (Mt.16,18) Besitz und Benutzung von Waffen selbstverständlich wurden. Aber das Votum Jesu dazu bleibt eindeutig: Keine Gewalt! Im Umgang mit Gewalt gilt für ihn leiden statt kämpfen.

Naumburger Dom, Relief am Westlettner, 1250, Schwertschlag des Petrus
Foto: Wolfgang Sauber, Creative Commons CC BY-SA 4 D

## Zur Überlieferung der Verhaftung Jesu

- Die Mitteilungen werden immer genauer: ein Dabeistehender
  – ein Begleiter Jesu – Petrus; ein Ohr – rechtes Ohr; der
  Diener des Hohenpriesters – Malchus. Motiv dafür ist
  vermutlich der Wunsch, authentisch zu wirken.
- Die skurrilen Nachrichten der ältesten Fassung werden nicht
  weiter überliefert:
  Einem hohen Untergebenen des Hohenpriesters wird durch
  einen Parteigänger versehentlich ein Ohr abgeschlagen.
  Ein leicht bekleideter Begleiter Jesu will in der Nähe des
  Meisters bleiben, aber von den Soldaten gepackt rettet er
  sich nackt in die Dunkelheit.
  Auch die Auslieferung Jesu durch den innigen Kuss eines
  abtrünnigen Jüngers im Dunkeln rechne ich hier dazu. Und
  auch sie wird zuletzt nicht mehr überliefert.

- Die negativen Rollen der Jünger verschwinden: Judaskuss und Jüngerflucht. Gleichzeitig entsteht ihre „positive" Rolle: die Verteidigung Jesu. Beide Rollenverschiebungen hängen wohl zusammen. Ihr tatsächlicher Verrat an Jesus wird kompensiert durch ihren Gewaltakt gegen „die Bösen" und für „die gute Sache". Sie wechseln von der Passivität zum aktiven Widerstand gegen sein bewusst übernommenes Leiden.

- Die folgenreichste Veränderung im Text sehe ich bei Matthäus. Er deutet den „Dabeistehenden" mit seinem Schwertschlag als Begleiter Jesu. So halten Waffenbesitz und Waffengebrauch Einzug in den Jüngerkreis, bei Lukas sogar von Jesus befohlen bzw. gebilligt. Und es wird leicht, seine Kritik am Waffengebrauch ausschließlich auf seine Person und sein stellvertretendes Leiden zu beziehen.

- Wo ein Jünger zum Schwert greift, reagiert Jesus mit Verbot, Gegenargument, Heilung und dem Hinweis auf die Notwendigkeit seines Leidens. Die Tradition formuliert also seine gewaltfreie Haltung deutlich, wenn auch nicht konsequent. So wird die Szene zu einer der vielen Nachrichten vom Unverständnis der Jünger gegenüber Jesus, besonders im Blick auf sein Leiden. Sie beschreibt die letzte Interaktion zwischen Lehrer und Schülern zu seinen Lebzeiten, deren letzten Irrtum und seine letztwillige Verfügung an sie.

Ein verhängnisvolles Missverständnis

Die Kirche nimmt bis heute an diesem Irrtum der Jünger bzw. der Evangelisten auf erschreckende Weise teil, jedenfalls seit sie Staatskirche des römischen Imperiums wurde. Alle kleinen und großen Machthaber und die Betreiber und Teilnehmer von Kreuzzügen seit dem Mittelalter bis in die Gegenwart folgen der missverstandenen Anweisung Jesu zum Schwertkauf und dem misslungenen und von Jesus zurückgewiesenen Versuch der Jünger, ihren Herrn – oder „das Gute" – mit Gewalt zu verteidigen. Kein

Wunder, wenn selbst die Evangelisten nicht klar bei der Gewaltfreiheit Jesu bleiben, obwohl sie seine Haltung kennen und darstellen. Und auch das überrascht nicht, denn in der jüdischen, griechischen und römischen Umwelt gilt Gewaltanwendung als selbstverständlich und gottgewollt – wie für die große Mehrheit bei uns bis heute.

Eine wichtige Lebensregel Jesu, erwachsen aus seinem Gottesglauben und einem Teil der biblischen Überlieferung, hat bisher nur wenig überzeugte Nachfolge gefunden bei denen, die sich auf ihn berufen. Trotzdem gab und gibt es Einzelne und Gruppen, die dem gewaltfreien Jesus und seiner letzten Anordnung folgen. Obwohl die große Mehrheit auf der Erde Gewalt für notwendig hält und ihr vertraut, ist es für eine kleine Minderheit bis heute überzeugend und allein zukunftsfähig, gewaltfrei zu leben.

Zugespitzt: Das Schwert im Jüngerkreis ist eine Erfindung oder ein Missverständnis von Matthäus. Ohne das wäre die Kirchen- und Weltgeschichte anders verlaufen. Wem will die Kirche folgen: Jesus oder Matthäus?

<u>Anmerkungen zur exegetischen Literatur</u>

Zum Schwertschlag bei Markus habe ich 34 Kommentare und Monographien befragt: Seit 125 Jahren sehen die meisten einen Jünger am Werk, nur drei einen Gegner, drei lassen es offen.

Darum ein weiterer Blick auf die „Dabeistehenden" in Mk.14,47:

- Markus beschreibt das Verhaftungskommando als „Menge" (V. 43). Natürlich können nicht 20 oder mehr Personen einen einzigen Gegner festnehmen, sondern nur wenige, zumal wenn er sich nicht verteidigt und nicht verteidigt wird. Die anderen „stehen dabei".
- In V. 46 und 48 ist von den Soldaten die Rede. Wenn dazwischen (V.47) plötzlich andere Personen (Begleiter Jesu) gemeint wären, brauchte es einen deutlichen Hinweis.

- Einige Textzeugen lassen die „Dabeistehenden" weg. Sie sehen also einen Soldaten als Schwertschläger an.
- "Er zog das Schwert": Der bestimmte Artikel ist nur bei einem Soldaten möglich, deren Schwerter schon genannt sind; nicht bei einem Jünger, bei dem ein Schwert überraschend wäre.
- Die Jünger sind schwach: beim Passa ("bin ich's?"), beim Gebet (sie schlafen), bei der Verhaftung (sie fliehen). Dazu passt nicht, dass sie ein Schwert haben (was nirgendwo gesagt wird) und sogar zuschlagen.
- Die Schar ist bewaffnet, um Widerstand zu brechen. Trotzdem würde sie den gewalttätigen Widerstand eines Jüngers übergehen, aber einen unbewaffneten Sympathisanten verhaften wollen? Unwahrscheinlich.

Diese Überlegungen bestärken meine Sicht: Für den Schwertschlag eines Jüngers gibt es im Markus-Text keinen Anhaltspunkt.

Warum urteilen die meisten Exegeten anders? Ich kann nur vermuten: Sie sehen – mit der Mehrheit der Evangelisten – Jesus nicht als gewaltfrei an, die Auslegungstradition vor ihnen auch nicht. Entscheidend für die früheren Leser dürften die genauen Angaben des „Lieblingsjüngers" gewesen sein: Petrus und Malchus. Der musste ja nach ihrer Einschätzung wissen, wie es war. Darum halten die meisten Exegeten die gewalttätige Darstellung von Matthäus, Lukas und Johannes für authentisch. Entsprechend finden sie den Schwertschlag eines Jüngers auch bei Markus, selbst wenn das im Text nicht zu erkennen ist.

Ich bin überzeugt, das Schwert im Jüngerkreis ist eine entscheidende Voraussetzung dafür, dass seit 1700 Jahren die großen Kirchen den Besitz und Gebrauch von Waffen billigen. Das Schwert, das es bei Jesus nicht gab, das aber Matthäus in den Jüngerkreis hineingedeutet hat, öffnete die Tür für Ströme von Gewalt und Blut, die in den vielen Jahrhunderten von den großen Kirchen ausgingen oder an denen sie beteiligt waren und sind.

## 15. Gestorben für unsere Sünden

Jesus wurde gekreuzigt. Das war die römische Art der Hinrichtung von Staatsfeinden. Als solcher galt er, weil es um ihn aufständische Unruhe gab. Die Menschen betrachteten ihn beim Pessach, dem jüdischen Wallfahrts- und Befreiungsfest, als Messias-König. So sagt es auch das offizielle Schild an seinem Kreuz.

Für seine Anhänger und Anhängerinnen musste die Frage entstehen: Warum dieser Tod? Wo Jesus nie einen politischen Anspruch erhoben hat. Aber sein wichtigstes Anliegen war die Proklamation und Ausbreitung der Königsherrschaft Gottes. Da konnte eine Besatzungsmacht schon alarmiert sein.
Die jüdischen Autoritäten, die mit den Römern verbündet waren, hatten in gleicher Weise Interesse an Ruhe, damit die Besatzung möglichst nicht eingriff. So waren sie anscheinend überzeugt: Besser einer stirbt als das ganze Volk (Jh.11,50).
Und wie konnte Gott das zulassen? Um diese Frage zu beantworten, befragten die Betroffenen ihre Bibel. Und als Antwort fanden sie die Ankündigung eines künftigen Propheten, eines Gottesknechtes, den Gott in den Tod gibt, damit er so die Sünden des Volkes auf sich nimmt (Jes.53,5.8.10-12). Wenn sie Jesus in dieser Rolle sahen, konnten sie einen Sinn finden in ihrer schrecklichen Erfahrung.

Weil die Nachfolgenden die Überzeugung hatten, dass Gott seit dem Anfang der Welt alles macht, was geschieht, darum betrachteten sie auch das Auftreten Jesu, ebenso seinen Tod, als Gottes Tat. Als eine Tat, die dem Heil der Welt dient.

Der Opfertod Jesu ist für mein Empfinden ein perverser Gedanke, wenn ich "von oben" denke: Gott habe das veranstaltet, seinen Sohn gesandt und schlachten lassen, um die Menschheit vor seiner Strafe zu retten. Anders klingt es, wenn ich "von unten" denke: Wenn der, der Heil verbreitet hat, vom Imperium geschlachtet wird, dann fragen die Nachfolgenden, welchen Sinn das haben kann, um nicht zu verzweifeln. Und den finden sie in ihrer Tradition bei Jesaja in dem Gedanken der heilenden Stellvertretung.

Ich glaube, der Gedanke ist leicht zu verstehen mit der Geschichte von Maximilian Kolbe, der im KZ sein Leben für einen Verurteilten hingab (https://www.katholische-sonntagszeitung.de/maximilian-kolbe-erinnerung-an-ein-selbstopfer-578123/). Die lebt natürlich vom Beispiel Jesu. Und sie erzählt - wie bei Jesus - nicht nur vom Tod, sondern auch von weiterer widerständiger Lebendigkeit.

Die Überzeugung vom Opfertod Jesu wird auch durch folgenden Gedanken in Frage gestellt: Jesus ist anscheinend überzeugt, Gott vergibt allen. Denn „er lässt seine Sonne aufgehen über Böse und Gute" (Mt.5,45). Darum wendet sich Jesus gerade den „Verlorenen" zu, die als sündig gelten. Und darum vergibt er nie Sünden, auch wenn die späteren Texte das so darstellen möchten.
Dem Gelähmten sagt er zu: „Deine Sünden werden vergeben" (Mk.2,5), also Gott vergibt, und zwar immer. Spätere Handschriften ändern den Text, und die gängigen Übersetzungen übernehmen das: Du bist sündig, aber Gott hat dir vergeben – oder Jesus, wie das folgende nachösterliche Menschensohn-Wort sagt. Jesus sieht vielmehr die Vergebung Gottes wirken in der Liebe der Sünderin; die Ehebrecherin verteidigt er und verurteilt sie nicht; weil Gott vergibt, fordert er grenzenlose Vergebung. Krankheit und Unglück sind für ihn keine Strafe Gottes.
Ein Opfertod für die Sünde passt dazu nicht. Im Gegenteil: Diese Überzeugung setzt wieder in Kraft, was Jesus abgelehnt hat.

Von dieser nachträglichen Erklärung für eine schreckliche Erfahrung unterscheide ich den Weg, den Jesus selbst gegangen ist. Aufgrund seiner Taufe bei Johannes als Vorbereitung auf das kommende Gottesreich hat er sich mit seiner Begleitung lehrend und heilend auf den Weg durchs Land gemacht. Er sah in dem, was um ihn herum geschah, das Gottesreich wachsen. Das hat bei vielen auch die Hoffnung auf eine politische Veränderung genährt, und die brachten sie anscheinend lautstark zum Ausdruck (Mk.11,1-11). Darum haben die Römer versucht, die Bewegung zu beenden, indem sie deren führenden Kopf hinrichteten. Das ist ihnen aber nicht gelungen. Vielmehr haben gerade die Ereignisse um den Tod Jesu der Bewegung neue Kraft gegeben – bis heute.

## 16. Zum Osterfest

Zu Ostern feiert die Kirche die Auferstehung Jesu. Was damit gemeint ist, wird deutlich, wenn wir auf die Ostertexte der Evangelien und die späteren Altarbilder schauen: Das Grab Jesu ist leer, er steigt lebendig heraus und begegnet seinen Nächsten sichtbar, hörbar, spürbar.

Diese Überzeugung wird seit langem bezweifelt und bestritten, zuerst von Reimarus um 1750. Viele kritische Menschen heute halten sie für abwegig. Auch viele heutige Christen sind im Zweifel.

Es gibt die oft genutzte Möglichkeit, den unglaubwürdigen Teil der Überzeugung fallen zu lassen und ihren Kern festzuhalten: Das Wort „Auferstehung" wird zur Metapher. Einige Beispiele:

> „Sie feiern die Auferstehung des Herrn,
> denn sie sind selber auferstanden …"     (Goethe)

> „Auferstanden aus Ruinen
> und der Zukunft zugewandt …"          (Becher)

> „Manchmal stehen wir auf
> stehen wir zur Auferstehung auf
> mitten am Tage …"              (Kaschnitz)

Die Beispiele beschreiben das Neuwerden im Frühjahr, in der Gesellschaft, im Alltag.
Und was meinen die Menschen, wenn sie im Glaubensbekenntnis von der Auferstehung der Toten sprechen oder säkular vom Leben nach dem Tod? Denken sie an ein körperliches oder an ein metaphorisch schwebendes Neuwerden?

Eine andere Möglichkeit des Verstehens wird eröffnet durch einen kritischen Blick auf die alten Texte. Die ursprüngliche Darstellung der Ereignisse bei Paulus zeigt: In einer Reihe von visionären Erfahrungen erleben die Betroffenen einschließlich ihm selbst eine

Begegnung mit dem lebendigen Jesus, die nichts Zweifelhaftes hat (1.Ko.15,5-8). Jesus tritt nicht körperlich auf. Sondern Paulus erlebt ihn als lebendigen Geist (2.Ko.3,17), dessen Körper die Gemeinde ist (1.Ko.12,27), wenn sie in seinem Geist lebt, miteinander und mit den Umgebenden. Jesus ist also nur lebendig mit den Menschen, in denen er lebendig ist.

Zu dieser Sicht gehört, dass Jesus im Urtext bei Paulus fast nie „auferstanden" ist. Er wurde „aufgeweckt" (z.B. 1.Ko.15,4). Sein Geist ist wach. Er begeistert, die ihm begegnen. Die spirituell betonte Auferweckung entspricht dem visionären Ursprung der Überzeugung bei Paulus.

Die andere Überzeugung von der körperlich betonten Auferstehung, die sich schon in den Evangelien zeigt, wurde dann von der Kirche fixiert im ersten Glaubensbekenntnis von 325. Entsprechend übersetzte die lateinische Bibel (um 400) fast überall das paulinische „aufgeweckt" mit „resurrexit" (wieder aufgestanden). Luther folgte ihr, und so sind seine Paulus-Briefe voller Auferstehung, obwohl sie im Urtext kaum vorkommt. Darum reden wir, über Jahrhunderte geprägt von Bibel, Bekenntnissen und Chorälen, bis heute fast ausschließlich von der Auferstehung und arbeiten uns damit an einer Vorstellung ab, die vor allem ein Produkt der antiken Dogmatik ist.

Das Osterfest könnte also erinnern an die überraschende Lebendigkeit des Gekreuzigten bei seinen Nächsten und ein Impuls sein für die tägliche Auferweckung zum Leben im Geist Jesu. Zu einem Leben gegen die zerstörerische Macht der Imperien und für ein tragfähiges, heilendes Miteinander besonders mit denen, die es am meisten brauchen. Oder wie mein Freund Carl Polónyi es ausdrückt: ein Impuls, „immer mehr in die innere Gegenwart Jesu aufzuwachen und aus oder mit ihr aufzustehen".

## 17. Am dritten Tage auferstanden von den Toten?

*Denkst du, Jesus ist auferstanden? - Nein. - Aber das steht doch so
in der Bibel. - Nein. - In meiner schon. - Ja, das steht seit 500 Jahren
in der Übersetzung von Luther und seit 1600 Jahren in der
lateinischen Übersetzung, aber in der Bibel überwiegend nicht. -
Wie heißt es denn da? - Er wurde aufgeweckt. - Ist das nicht
dasselbe? - Nein. Aufstehen ist ein aktiver körperlicher Vorgang und
aufgeweckt werden ein passiver mentaler. Wer aufgestanden ist,
bewegt sich wie vorher. Wer aufgeweckt ist, dessen Geist ist wach.
Es wird nirgends erzählt, dass Jesus herumgelaufen ist wie vor
seinem Tod, wohl aber, dass sein Geist bei den Menschen in seiner
Nähe lebendig war. - Aber sie haben ihn doch nach seinem Tod
gesehen. - Ja, das sind Legenden. Sie zeigen, er ist seinen Nächsten
begegnet, aber anders, als sie ihn kannten, denn meistens erkannten
sie ihn nicht. - Aber das Grab von Jesus war doch leer. - Ja, das
erzählen die Evangelien. Die Wissenschaft ist sich aber nicht einig.
Die Texte zeigen:*

<u>Zwei Wahrnehmungen und eine Erklärung</u>

Die Evangelien sind sich einig: Der Grabstein war weggerollt. Wer
hat das getan? Sicher nicht ein Engel (Mt.28,2). Matthäus schafft
aber ungewollt Klarheit. Noch zu seiner Zeit (um 80) gab es in Judäa
ein Gerücht über das Grab Jesu: Seine Schüler hätten die Leiche
nachts gestohlen, als die Grabwächter schliefen (Mt.28,12-15). Das
Gerücht verrät: 1. Es gab Wächter am Grab, 2. das Grab war leer, 3.
die Leiche wurde weggebracht. Dass die Schüler das getan haben, ist
abwegig. Es war Sabbat. Da geht kein Jude zum Grab oder berührt
gar eine Leiche. Und Wächter sind dazu da, um wach zu bleiben.
Darum liegt es nah, dass sie das Grab geöffnet und die bedeutende
Leiche beseitigt haben. Und das Gerücht sollte das verschleiern.
Auch in der Jesusbewegung hielt sich die Überzeugung, „sie haben
ihn weggetragen". Bei Johannes (um 100) sagt Maria Magdalena das
mehrfach (Jh.20,2.13.15), die in allen Evangelien zuerst am Grab
war. Und sie wird für ihre Einschätzung weder kritisiert noch
korrigiert. – Bis heute lassen Gewalt-Regime Gegner verschwinden.

Ein anderer Faden. Paulus zitiert ein grundlegendes Bekenntnis. Danach erschien Jesus nach seinem Tod verschiedenen nahen Menschen, zuletzt auch ihm, Paulus (1.Ko.15,3-8). Er sagt: Ich habe ihn gesehen (1.Ko.9,1), aber auch: Gott hat ihn in mir offenbart (Ga.1,16). Welche Art von Realität hat das? Es klingt nach einer Erfahrung von Präsenz des Verstorbenen, wie manchmal bei Hinterbliebenen. Betroffene merken, der Gestorbene ist auf besondere Weise lebendig und begegnet ihnen, oft mit einer tröstlichen Botschaft.

Ein dritter Faden. Paulus glaubt an die Verwandlung des irdischen Leibes. Seine Erklärung: Gottes Geist hat den materiell abwesenden Toten aufgeweckt und verwandelt in den energetisch anwesenden Lebendigen (Rö.8,11). Jesus ist als Aufgeweckter bei Gott („zur Rechten Gottes" Rö.8,34 nach Ps.110,1). So hat der Verschwundene einen Ort.

In den Ostererzählungen der Evangelien verbinden sich diese drei Fäden: leeres Grab, Präsenzerfahrung und Verwandlung. Maria Magdalena findet das leere Grab und begegnet dort einer rätselhaften Gestalt (Mk.16,4-5). Die späteren Begegnungen mit Jesus wirken körperlich, aber das unvermittelte Kommen und Verschwinden erinnert an die frühen Präsenzerfahrungen; so empfinden die Schüler ihn als „einen Geist" (Lk.24,37). Und die Fremdheit des Geweckten (z.B. Mt.28,17) zeigt, er ist verwandelt.

Zum Sprachgebrauch

Wenn ich auf die Ostertexte blicke: Was ist das Ereignis? Was ist die Deutung? Was besagt die jeweilige Wortwahl?

Die Ereignisse: Die Grabwächter haben die Leiche beseitigt (Mt.28,12-15). Daraufhin fand Maria Magdalena am Ostermorgen das leere Grab (Mk.16,6). Daraufhin hatten einige in der Jesusgemeinschaft Begegnungen mit ihm (1.Ko.15,5).

Die Deutung: Eine erschreckende Erfahrung vermittelte Maria: Jesus ist aufgeweckt und darum verschwunden. Die weiteren Begegnungen bestätigten das: Der Geweckte zeigte sich nahen Menschen als lebendig und machte sie so zu Zeugen für die neue Wahrheit.

Die junge Jesusbewegung nimmt diese Erfahrungen auf in ihr Bekenntnis:
„Christus … ist geweckt worden am dritten Tag gemäß den Schriften und erschien dem Kephas (Petrus), dann den Zwölf." (1.Ko.15,4-5)
Das Bekenntnis sieht die Erfahrungen bestätigt durch die biblischen Schriften.
Jesaja (26,19LXX) kündigt z.B. an:
„Die Toten werden aufgerichtet,
die in den Gräbern werden geweckt werden."
Und Hosea (6,2):
„Nach zwei Tagen wird er (Gott) uns lebendig machen,
am dritten Tag wird er uns aufrichten,
und wir werden leben vor ihm."
Das ist mit Jesus geschehen, davon ist die Jesusbewegung überzeugt.

Die zweite Aussage des Bekenntnisses bekräftigt das: Der Geweckte „erscheint" Menschen seiner Umgebung. Die Formulierung deutet eine Art Himmelsbegegnung an. Denn Gott erscheint oft, z.B. dem Mose im Dornbusch (2.Mo.3,2). Die Begegnungen gehen aus von ihm, der sich sehen lässt. Sie vermitteln den Betroffenen eine ungewöhnliche Botschaft. Die erfahren sie subjektiv, denn dabei klingt (wie im Deutschen) mit: „Es erscheint ihnen so".

Paulus macht sich den Sprachgebrauch des frühen Bekenntnisses zu eigen. Er übernimmt daraus die Formulierung „geweckt", die verbunden ist mit dem leeren Grab am 3. Tag. Das ist also bei ihm immer mitgedacht, wenn er von Erweckung oder Grab (Rö.6,4; 1.Ko.15,4) spricht. Die Formulierung lässt die Qualität seiner Begegnung mit dem lebendigen Jesus anklingen. Paulus beschreibt sie andeutend als entrückte Himmelserfahrung, die als Visionserlebnis auch noch nach 14 Jahren deutlich und

erschütternd in ihm präsent ist (2.Ko.12,2-4) (1). Er erwähnt sie
mehrmals. Sie klingt z.T. äußerlich: „Ich habe ihn gesehen"
(1.Ko.9,1), „er ist mir erschienen" (1.Ko.15,8), z.T. innerlich: „Gott
hat ihn in mir offenbart" (Ga.1,16), „in meinem Herzen aufstrahlen
lassen" (2.Ko.4,6). Paulus sieht die Art seiner Erfahrung bestätigt
durch die Schrift: Der Geweckte „wurde zum lebendig machenden
Geist" (1.Ko.15,45; 1.Mo.2,7), der energetisch begegnet.
Entsprechend benutzt Paulus 36mal das Wort „geweckt" (*egeirein*),
7mal „lebendig gemacht" (*zōopoiein*) und – wenn 1.The. paulinisch
ist – 2mal „aufgestanden" (*anistanai*) sowie 8mal „Auferstehung".
Die Formulierungen „geweckt" und „lebendig gemacht" sagen
zugleich: Hier handelt Gott, der Schöpfer der jetzigen und der
kommenden Welt.

Christus als wirksamer Geist verwandelt nicht nur Einzelne wie
Paulus, sondern belebt die ganze Gemeinschaft der Gläubigen und
macht sie so zu einem Gemeinwesen, das auf vielerlei Weise seinen
Geist atmet (1.Ko.12,12ff).

Die späteren Evangelien zeigen eine deutlich veränderte Darstellung.
Sie rücken das leere Grab in den Blick, das eine körperliche
„Auferstehung" nahelegt. Das Wort „aufwecken" bleibt aber etwa
doppelt so häufig wie „aufstehen". Markus erzählt keine
Erscheinungen nach Ostern, sondern lässt den Geweckten körperlich
unterwegs sein: „Er geht euch voraus nach Galiläa, dort werdet ihr
ihn sehen" (Mk.16,7). Seine Erscheinung wird also in der Zukunft
erwartet. Die anderen Evangelien erzählen vergangene
Erscheinungen Jesu vor Maria Magdalena und den Schülern. Auch
da wirkt Jesus körperlich: Er wird umarmt (Mt.28,9), isst vor Zeugen
(Lk.24,43), zeigt seine Nägelmale (Jh.20,27). Denn der Erscheinende
trifft fast überall auf Zweifel. Der gehört zur Zeitebene der
Evangelien, zur lesenden und hörenden Gemeinde. Bei den
ursprünglichen Erscheinungen begegnet Jesus dagegen ohne jeden
Zweifel. Das gilt sogar für Paulus, der ihn nie gesehen hat.

Den Grund für diese sprachliche Veränderung kann ich nur
vermuten: 50 Jahre später, alle Augenzeugen gestorben, die

Gemeinden Judäas im jüdischen Krieg verschwunden, ihr Ursprung wird den Überlebenden zweifelhaft. Darum wollen die Evangelien Jesus zuverlässig lebendig zeigen und reden von der Auferstehung handgreiflich.

Beim Übergang der Jesusbewegung aus der jüdisch geprägten in die griechisch geprägte Welt setzte sich der neue Sprachgebrauch durch. Ignatius (nach 100) war überzeugt, dass Christus als Gott „sich selbst aufstehen ließ" (2) mit Erweckung des Fleisches (ISm.7,1). Das Nizänum (325) als erstes ökumenisches Bekenntnis schrieb die Auferstehung fest. Die Vulgata (um 400) änderte dann den Bibeltext von passiver energetischer Auferweckung in aktive körperliche Auferstehung. So kam die Auferstehung in unsere Bibeln und Altarbilder. Die Bilder zeigen seit Jahrhunderten, wie man den Sprachgebrauch verstand, und so verbreiten sie bis heute irreführende Vorstellungen vom Ereignis, das als innere Erfahrung nicht darstellbar ist. Die Auferstehung des Fleisches ist ein Irrtum wie die Wiederkunft Christi in der ersten Generation. Sie verdinglicht die innere Erfahrung zum äußeren Sachverhalt (3)

Conrad von Soest: Auferstehung, 1403 (4)

Luther bleibt in dieser Spur. Er übersetzt mit der Vulgata das Wort „geweckt werden" meistens als „auferstehen". Im Auferstehungs-Kapitel 1.Ko.15 sagt Paulus 19mal „geweckt" (*egeirein*), die Vulgata 18mal „wieder-/aufgestanden" (*re-/surgere*), die Lutherbibel 84 sagt 17mal „auferstanden", anders als die Zürcher Bibel. So verschwindet der Unterschied zwischen eher energetischer Auferweckung bei Paulus und eher körperlicher Auferstehung bei den Späteren.

Auch die bei Luther stets eingefügte Silbe auf-*er*-stehen, die den Vorgang endgültig macht, verfehlt den Bibeltext. Wörter für „auferstehen/auferwecken" neben „aufstehen/aufwecken" gibt es nicht im Bibeltext wie in der griechischen und hebräischen Sprache. Dort steht der Tote auf wie der Kranke (z.B. *anistanai* Mk.9,27.31), aber Luther löscht den Gleichklang der Heilungen. – Luthers Sprachgebrauch wurde so beherrschend, dass in den 20 Osterliedern des EG Christus ausnahmslos auferstanden ist.

Für die energetische Auferweckung gibt es ein weiteres Beispiel: Die Leute deuten die Heilungen Jesu so, dass sein getöteter Lehrer Johannes der Täufer aufgeweckt ist, darum wirken (*energousin*) dessen Kräfte (*dynameis*) in Jesus weiter (Mk.6,14; ähnlich 8,28). Die Lutherbibel übersetzt auch hier von 1522 bis 2017, Johannes sei auferstanden. Aber seit 2017 ist er auferweckt. Die neuste Revision fand also die übliche Übersetzung hier unangemessen. Jesus wurde wie Johannes von den Mächtigen umgebracht und lebte wie er energetisch weiter mit denen, die ihm nachfolgten.

### Changierende Beschreibungen

Zurück zu den frühen Begegnungserfahrungen. Warum kommt die erste Zeugin des neuen Lebens in der Zeugenliste des Paulus nicht vor? Vermutlich ist ein Grund, dass ihr Zeugnis in der patriarchalen Welt nicht galt. Eine Zeugenliste mit einer Frau an erster Stelle wäre unbrauchbar gewesen. Entsprechend halten die Schüler die Osterbotschaft der Maria für „Geschwätz" (Lk.24,11). Es wurden also Nachrichten unterdrückt und verändert. Dazu ein paar

Beobachtungen.

Die Passage bei Markus über die Frauen im Grab (Mk.16,1-8) lässt sich auf zweierlei Weise lesen: als äußere Erfahrung mit einem überraschenden Gegenüber oder als innere Erfahrung einer Himmels-Vision. Die erste Deutung ist die übliche, wohl auch die des Evangelisten. Für mich spricht aber vieles dafür, dass die zweite dabei mitklingt.

Zentrale Figur ist der Jüngling. Er „sitzt zur Rechten": im Grab oder neben Gott. Entsprechend ist er ein irdischer junger Mann oder eine endzeitliche Himmelsgestalt bei Daniel, meistens übersetzt als „Menschensohn" (Dan.7,13). Beides meint ja Mensch-männlich-jung. Der Markus-Text enthält weitere Motive aus Daniel 7,2-28: die Vision (V.2), das weiße Kleid als Glanz Gottes (V.9), Schrecken als Antwort (V.15), die Erklärung der Vision (V.16), am Schluss Schrecken, Angst und Schweigen (V.28), so in Mk.16,5.6.8.

Schon Jesus droht seinen Richtern die machtvolle Erscheinung des Menschensohns zur Rechten Gottes an (Mk.14,62). Mit derselben Vision konfrontiert Stephanus vor dem Tod seine Gegner (Ap.7,56). Bei beiden Angeklagten ein Appell an den himmlischen Richter, der Empörung auslöst. Hat Maria in solcher erschütternden Vision die Überzeugung gewonnen, Jesus ist lebendig? Verkündet der himmlische Menschensohn diese Botschaft?

Matthäus als Bearbeiter unterstützt die Deutung: Er sieht den Jüngling als mächtigen Boten Gottes vom Himmel, der mit „großem Erdbeben" (5) erscheint (Mt.28,2-3). Sein Aussehen „wie der Blitz" und „weiß wie Schnee" nimmt Daniels Menschensohn-Visionen auf (10,6; 7,9).

Auch die Ostererfahrung des Petrus ist ein Beispiel für unterdrückte Nachrichten. Obwohl er die Zeugenliste des Paulus anführt, hat er in den Begegnungserzählungen keinen zentralen Platz. Sollte eine Urerfahrung der Gemeinde aus der Tradition verschwunden sein? Die Emmaus-Jünger bekommen dazu nur eine Kurznachricht aus zweiter Hand (Lk.24,23).

Aber eine Szene mit Petrus im irdischen Leben Jesu zeigt sich deutlich als Ostergeschichte (Mk.9,2-13). Jesus nimmt Petrus, Jakobus und Johannes, die Säulen der nachösterlichen Urgemeinde (Ga.2,9), mit auf einen hohen Berg, also in die Nähe Gottes. Er „trägt sie hinauf" (so wörtlich), d.h. sie werden entrückt. Dort wird er vor ihren Augen verwandelt. Mit diesem Wort beschreibt Paulus die Auferweckung der Lebenden (1.Ko.15,51f). Die himmlisch-weißen Kleider Jesu erinnern an den Jüngling im Grab. Und Elia und Mose erscheinen, wortgleich mit den Ostererscheinungen bei Paulus. Beide sind nach jüdischer Tradition bei Gott. Im Gespräch mit Jesus nehmen sie ihn ebenfalls als Lebenden nach dem Tod (auf der Ebene der Ostergeschichte) bzw. wird das den Schülern angekündigt (auf der vorösterlichen Ebene). Petrus möchte die visionäre himmlische Welt festhalten („drei Hütten bauen"). Der Erzähler kritisiert aber den Vorschlag als verwirrt durch Schrecken, ein häufiges Motiv der Ostererfahrungen.

Der Abspann im jetzigen Kontext setzt voraus, dass Jesus sich zurückverwandelt. Bezeichnenderweise wird das nicht erzählt. Vielmehr fordert er die Schüler auf, über ihr Erlebnis zu schweigen bis zu seiner Auferstehung. Es ist also eine nachösterliche Geschichte, die zwischen beiden Welten changiert.

Eine ähnlich zeitversetzte Geschichte: Jesus ist auf einem Berg im Gebet, also in enger Verbindung mit Gott. Die Schüler ohne ihn im Boot auf dem See haben Gegenwind (Mk.6,45-52). Man kann schon hier die Erzählung als Metapher lesen. Dann trotzen sie nach Ostern auf dem von Jesus gewiesenen Kurs dem öffentlichen Gegenwind. Jesus sieht von „oben" ihre Mühe und kommt zu ihnen auf dem Wasser. Natürlich konnte der irdische Jesus so wenig auf dem Wasser gehen wie wir. Aber der nachösterliche konnte ihnen überall erscheinen und präsent sein. Eine kleine Notiz macht das deutlich: „Er wollte an ihnen vorbeigehen" (V.48). Das bedeutet: Er vertritt die „vorübergehende" Präsenz des treuen Gottes, der sich Mose und Elia in ihrer Verzweiflung ermutigend gezeigt hat (2.Mo.34,6; 1.Kö.19,11). Auch die Motive „Gespenst" und „Schrecken" (V.49) gehören zu den Ostererfahrungen. Die energetische Präsenz Jesu beruhigt den Druck der bedrohlichen Widrigkeiten. Und trotzdem – oder auch deswegen – bleibt Fassungslosigkeit. Es fiel wohl der jungen Jesusbewegung schwer zu begreifen, was sie erlebte.

Ich möchte verstehen, was geschah. Denn die Erlebnisse der
Zeuginnen und Zeugen geschahen in Raum und Zeit. Darum sind sie
auch für uns heute verständlich. Das leere Grab gab der erschütterten
und in Liebe verbundenen Maria Anlass und Raum für die erste
Präsenzerfahrung (obwohl sie den Erscheinenden noch nicht als
Jesus erkannte) und für die Einsicht: Der Tote ist verschwunden ins
Leben. Vielleicht begriff dann Petrus: Dieser Erscheinende ist der
verwandelte irdische Jesus. Und weitere Präsenzerfahrungen
überzeugten die Betroffenen: Jesus lebt auf neue Weise. Der geheime
Schachzug der Mächtigen sollte wohl einen Gedenkort (wie das
Rahel-Grab bis heute) für den Hingerichteten verhindern. Er führte
aber dazu, dass der Gekreuzigte weltweit lebendiger und mächtiger
wurde als zu seinen Lebzeiten.

<u>Er wirkt weiter</u>

Das Narrativ vom auferstandenen Jesus ist für viele Christen Grund
zum Glauben, für viele kritische Menschen ein Stolperstein und ein
Grund zum Rückzug. Dass der Geist Jesu bei seinen nächsten
Menschen lebendig weiterwirkte, ist leicht verständlich und trifft
sich mit Paulus: „Der Herr ist der Geist" (2.Ko.3,17). Dass aber
Jesus körperlich aus dem Grab gestiegen und verwandelt im Himmel
ist, das kann man – wie es in Westfalen heißt – nur jemandem
erzählen, der die Hose mit der Kneifzange zumacht. Es sei denn, man
meint die Aussagen als Metaphern.

Wie wirkt der Geist Jesu weiter? Selbst das schrecklichste Ende ist
nicht nur ein Ende. Es ist zugleich ein Anfang von etwas, was vorher
niemand wissen kann. Maria Magdalena hat als erste die neue
Lebendigkeit Jesu erfahren. Weitere Menschen in seiner Nähe haben
ihn als lebendig erlebt. Die Gemeinschaft um Jesus hat sich wieder
gefunden. Seine Verbindung zu Gott hat sich erhalten. Seine
Inspiration ist in Einzelnen wie in der Gemeinschaft neu erwacht. Sie
hat sich dynamisch verbreitet. Es gab weiter Heilungen. Der Dienst

für das Kommen des Gottesreichs ist lebendig geblieben bis heute.

(1) U. Metternich: Ein Feuerwerk von Sinneseindrücken. In: Sich dem Leben in die
Arme werfen. Auferstehungserfahrungen. Hg.v. L.Sutter Rehmann, S.Bieberstein,
U.Metternich. Gütersloh 2002. S.119f
(2) K. Wengst: Wie das Christentum entstand. Gütersloh 2021. S.322f
(3) Bei Jeremia (um 600) erinnert Gott an Worte, „die ich euren Vätern gebot an
dem Tage, als ich sie aus Ägyptenland führte, aus dem glühenden Ofen" (Jer.11,4).
Im Daniel-Buch (um 150) sagen die bedrohten Juden zum König Nebukadnezar von
Babylon: „Siehe, unser Gott, den wir verehren, kann uns erretten aus dem glühenden
Feuerofen." Der wird ihnen angedroht, wenn sie nicht das Bild des Königs anbeten
(Dan.3,17). Die ursprüngliche Metapher wird verdinglicht zum Sachverhalt.
(4) https://commons.wikimedia.org/wiki/File:Auferstehung-Wildunger-Altar-
Konrad-von-Soest.jpg
(5) Hier verwendet Mt. wohl ein Motiv aus Visionen des Hesekiel (3,12f; 38,19).

## 18. Die Auferweckung Jesu
Eine ungewohnte Betrachtungsweise

Wenn ich über ein biblisches Thema nachdenke, sind fünf Quellen beteiligt: der ursprüngliche Bibeltext, der übersetzte Bibeltext, die Kirchenlehre, die Bibelwissenschaft und unsere Vorstellung vom Leben. Diese Quellen sind in Abhängigkeit und Spannung vielfältig miteinander verbunden und spielen beim Nachdenken ihre deutliche oder unmerkliche Rolle. Das gilt auch bei der Auferweckung Jesu. Unsere Vorstellung vom Leben weiß, dass ein Toter nicht wieder aufsteht. Der Bibeltext und die Kirchenlehre sagen aber etwas anderes. Die Bibelwissenschaft wird dann den Text möglichst so erklären, dass er unserer Vorstellung nicht widerspricht.
Hans Kessler hat sich kritisch mit dem Thema und den Texten beschäftigt (Auferstehung? 2021). Meine kritische Betrachtung kommt teils zu ähnlichen, teils zu anderen Ergebnissen.

Zum biblischen Sprachgebrauch

In der Kirche klingen Bibeltexte und Lieder zusammen: „Der Herr ist auferstanden!" Wer aber den Text bei Licht betrachtet, wundert sich:

1. Auferstanden:
Das Deutsche hat eine Verbform, die dem Stammwort einen endgültigen Sinn gibt: *er*greifen, *er*schlagen, *auf*erstehen. Sie ist dem Hebräischen und Griechischen fremd. Der Urtext kennt nur „aufstehen", körperlich-irdisch. Aus dem Bett oder aus dem Tod aufzustehen, wird mit demselben Wort ausgedrückt (Lk.11,7; Mk.8,31). Der Text stellt sich also das Aufstehen aus dem Tod wie das Aufstehen aus dem Bett vor. Wer es mit „auferstehen" übersetzt, erfindet gegen den Text etwas anderes als das gewohnte Aufstehen.

2. Aufgeweckt:
Die ältesten Texte im NT stammen von Paulus. Er berührt oft das Thema Ostern. Von den zwei Verben, die dafür infrage kommen (*egeirein*/aufwecken und *anistanai*/aufstellen, aufstehen), benutzt er fast nur „aufwecken" (36x). Die älteste Notiz über das

Ostergeschehen (1.Ko.15,4), die wohl nur wenige Jahre nach den Ereignissen entstanden ist, sagt ebenfalls „aufgeweckt". Das Wort hat hier (zusammen mit der anzitierten Stelle Hos.6,2; dazu s.u.) die Bedeutung „aufgerichtet", hat aber sonst auch die Bedeutung „wachgemacht" im Unterschied zum Aufstehen (so Ap.12,7). Dagegen übersetzte Luther fast alle Stellen bei Paulus mit „auferstehen".

Der Grund ist ein Wandel im Sprachgebrauch:
- Die frühen Osterzeugen (und -zeuginnen) haben mit Jesus gelebt. Ihre Überzeugung entspringt vor allem aus ihrer visionären Erfahrung (1.Ko.15,5-8) wie bei Paulus. Anscheinend erleben sie mit Erschütterung und Sprachlosigkeit den Erweckten als mental präsent. So beschreibt es jedenfalls Paulus (2.Ko.12,1ff). Die Begegnungen vermitteln die Einsicht: Jesus ist (von Gott) „aufgeweckt".
- Etwa 50 Jahre später sprechen die Evangelientexte in eine zerstörte Welt: Nach dem römischen Krieg in Judäa sind die Menschen ermordet, geflohen, als Sklaven verkauft, alle BegleiterInnen Jesu tot, die Jesusgemeinden verschwunden. Da beschreiben die Texte den von den Römern Ermordeten als wieder körperlich lebendig, öfter (an etwa 1/3 der Stellen) mit dem körperlich geprägten Verb als „aufgestanden".
- Beim Übergang der Jesusbewegung von der jüdischen in die griechische Denkwelt wird Jesus zunehmend göttlich. Darum steht er von selbst auf, so bei Ignatius von Antiochia (K.Wengst: Wie das Christentum entstand. S.322f). Das Wort „aufstehen" wird die zentrale Formulierung in den alten Bekenntnissen (Romanum, Nizänum) und von da in der lateinischen und deutschen Bibel.
- Die Lutherbibel prägt bis heute unsere Sprache: Jesus ist auferstanden, in keinem Osterlied ist er aufgeweckt. Das Wort dient auch als Metapher: „Auferstanden aus Ruinen" (DDR-Hymne), „Aufstand gegen die Herren" (K. Marti). Der erweiterte metaphorische Sinn der Auferstehung kommt unserer Lebensvorstellung entgegen. Aber er verschleiert weiter die ursprünglichen Ostererfahrungen, von denen die ersten Zeuginnen und Zeugen bewegt wurden.

## Biblischer Befund

Ist die Auferweckung Jesu ein Ereignis oder ein Gedanke? Die Frage hat mich beschäftigt im Gespräch mit dem Buch „Ostern" von Klaus Wengst. Es greift zurück auf eine rabbinische Diskussion über das Auferstehungs-Gleichnis Hes.37: Beschreibt es ein Bild oder eine Wirklichkeit?

Um die Wirklichkeit der Auferweckung Jesu zu betonen, benennt Paulus die Ereignisse, die damit in engem Wirkungszusammenhang stehen. Dabei benutzt er in seinem Brief eine Formel, die er der Gemeinde schon bei der ersten Begegnung überliefert hat:
„dass Christus gestorben ist für unsere Sünden gemäss den Schriften,
dass er begraben wurde,
dass er am dritten Tage auferweckt worden ist gemäss den Schriften
und dass er Kefas erschien und dann den Zwölfen." (1.Ko.15,3-5 Z)
Tod und Grab sind verständliche Sachverhalte.
Erscheinungserfahrungen sind heute ungewöhnlich, werden aber in der Bibel oft erzählt. Ich verstehe sie als innere oder äußere Erlebnisse, die den göttlichen Ursprung von grundsätzlichen Einsichten verbürgen sollen (z.B. 2.Mo.3,1ff).
Welchen Sachverhalt meint aber „am dritten Tage auferweckt"? Das ist leicht zu erkennen: Die Formulierung „am 3. Tag gemäß den Schriften" verweist auf Hos.6,2. Dort wird die körperliche Auferweckung Israels am 3. Tag angekündigt. In der Formel, die Paulus schon vorgegeben war, galt also das Grab Jesu als leer.
Paulus hat die Aussage übernommen und wird die Auferweckung Jesu in seinen anderen Texten genau so verstehen. Es gibt im gesamten neutestamentlichen Schrifttum keine gegenteilige Aussage, dafür aber weitere Hinweise, die bestätigen: Das Grab Jesu war leer.

- Paulus erwähnt das Grab Jesu nur noch im Vergleich mit der Taufe derer, die an Jesus glauben. Die untergetaucht wurden, tauchen auf aus dem Tod wie Jesus:
  „So sind wir ja mit ihm begraben
  durch die Taufe in den Tod,
  auf dass, wie Christus auferweckt ist von den Toten

durch die Herrlichkeit des Vaters,
so auch wir in einem neuen Leben wandeln." (Rö.6,4L)
Die Logik des Vergleiches besagt:
Die Getauften, begraben im Wasser,
verließen es zu einem neuen Leben,
wie vorher Jesus, begraben in der Erde,
sie verließ zu einem neuen Leben.

- Paulus glaubt an die Erweckung unseres sterblichen Leibes
  wie vorher auch bei Jesus:
  „Wenn aber der Geist dessen in euch wohnt,
  der Jesus von den Toten auferweckt hat,
  dann wird er, der Christus von den Toten auferweckt hat,
  auch euren sterblichen Leib lebendig machen
  durch seinen Geist, der in euch wohnt." (Rö.8,11Z)

- Alle Evangelien beschreiben, dass Jesus in einem Felsengrab
  beigesetzt wurde und dass am 3. Tag der Grabstein
  weggerollt und das Grab leer war. Maria Magdalena (bei
  Mt., Mk. und Lk. mit anderen Frauen) hört oder erlebt, dass
  Jesus aufgeweckt und lebendig ist.

- Mt. kennt noch zu seiner Zeit (um 80) das gängige Gerücht
  bei den jüdischen Gegnern Jesu, seine Schüler hätten die
  Leiche aus dem Grab gestohlen, als die Wächter schliefen
  (Mt.28,13+15). Er erwähnt das Gerücht als allgemein
  bekannten Sachverhalt nach der Art einer Ätiologie. Es soll
  die Überzeugung von der Auferstehung Jesu widerlegen.
  In seinen Kernaussagen hat es sicher unrecht, denn Juden
  berühren am Sabbat keinen Toten, die Grabwächter eines
  prominenten Staatsfeindes schlafen nicht ein, und
  Schlafende können nicht sehen. Aber die Gegner wissen:
  Das Grab Jesu war leer.

- Das Gerücht erwähnt gegnerische Wächter, die zur Tatzeit
  am Tatort waren, und es weist mit seiner erfundenen

Erklärung ungewollt die Spur, die Leiche sei weggebracht worden. Vermutlich haben die Herrschenden sie heimlich nachts verschwinden lassen, z.B. um die Verehrung des beliebten Hingerichteten zu verhindern. Das würde auch den weggerollten Grabstein erklären.

- Maria Magdalena, die in allen Evangelien als erste am Grab war, äußert bei Johannes die Einschätzung, „sie" – d.h. anonyme Täter – hätten den toten Jesus weggenommen und anderswo deponiert (20,2.13.15). Das wird im Text weder kritisiert noch korrigiert.

<u>Was ist zuverlässig?</u>

Das leere Grab und die Begegnungs-Erfahrungen sind also die grundlegenden Fakten der Ostertradition, verbunden mit dem gleichnishaften Deutewort „aufgeweckt". Es nennt Gott als Schöpfer nicht, gibt ihn aber im Passiv des biblischen Bildwortes zu erkennen, verbürgt durch Paulus als Augenzeugen und als Überlieferer eines Textes aus der Ursprungszeit.

Die Grabszene mit Maria Magdalena (Mk.16) zeigt sie im überraschend leeren Grab bei einem visionären Erlebnis. Das ist ungewöhnlich, aber deswegen nicht unhistorisch.

Die Erscheinungs-Erzählungen bei Mt., Lk. und Jh. betrachte ich dagegen als spätere körperliche Materialisierungen der ursprünglichen visionären Begegnungs-Erfahrungen: Jesu Füße werden umarmt (Mt.28,9), er isst vor Zeugen (Lk.24,43) und zeigt seine Nägelmale (Jh.20,27). Denn die Augenzeugen sind tot und ihre Visionen für Unbeteiligte befremdlich (ähnlich Lk.24,11).

Ein auffälliges Beispiel für den Vorgang der Materialisierung: Bei Mk. kommt der Schwertschlag zur Verhaftung Jesu von den Soldaten; Jesus antwortet ihnen darauf mit Hinweis auf ihre Schwerter (14,48). Aber Mt. rechnet den Schwertschlag den Begleitern Jesu zu (26,51), eine gravierende Veränderung. Bei Lk. gibt es schon zwei Schwerter im Schülerkreis (22,38). Jh. sieht das Schwert mitten in der Gruppe bei Petrus (18,10). Die Kirche hat daraus die Zwei-Schwerter-Lehre entwickelt, die Jahrhunderte lang in Jesu Namen Papst und Kaiser das Schwert in die Hand gab.

Angesichts dieser Tendenz, die Texte der Evangelien nach eigenen Vorstellungen zu verändern und zu deuten, finde ich Skepsis und die achtsame Frage nach der Wirklichkeit angemessen. Die Skepsis ist weit verbreitet: Man kann nur Weniges sicher wissen. Vielleicht verbreitet sie aber zugleich misstrauischen Nebel, so dass die Wirklichkeit verschwommen bleibt.

Gegen diese Tendenz unterstützt eine anachronistische Idee die Frage nach der Wirklichkeit: Was hätte eine versteckte Kamera im Grab Jesu aufgezeichnet? Die Einschätzungen dazu sind verschieden. Aus meiner Sicht würde sie Josef von Arimathäa mit seinen Leuten und der Leiche Jesu zeigen, auch die Frau oder Frauen, vermutlich ein gemeinsames Totengebet, die Schließung des Grabes. Nachts die Öffnung des Grabes, die Männer, die die Leiche wegtragen. Morgens die Frauen und was sie sagen und tun, keine Engel, wohl nicht Petrus, nicht den „Lieblingsjünger", wenn er eine literarische Figur ist, vermutlich die anfängliche Erschütterung der Maria, sicher nicht die Worte des „Gärtners" draußen. Was dagegen innerlich in den Beteiligten vorging und sehr real und bewegend war, das hätte keine Kamera festgehalten.

Verschiedene Perspektiven

Beim Blick auf die Texte zur Auferweckung Jesu sehe ich sechs Zeitebenen und Blickwinkel:
1. Was mit Jesus geschehen ist.
2. Wie die erste Gemeinde Jesu das Geschehene erlebt, verstanden und beschrieben hat.
3. Wie die Gegner Jesu das Geschehene dargestellt haben.
4. Welches Bild die Evangelien später davon gezeichnet haben.
5. Welche Vorstellung die Kirche sich davon gemacht hat.
6. Wie wir heute diese Ebenen bewerten.

Dazu ein paar Erläuterungen:

2. Die Gemeinde hat das Grab Jesu leer gefunden. Zentral und ursprünglich ist die Tradition, die Paulus in 1.Ko.15,4-5 überliefert. Sie formuliert die Überzeugung, dass Jesus körperlich lebendig das Grab verlassen hat, weil Gott ihn aufgeweckt hat, mit nachfolgenden visionären Begegnungen.

3. Die Gegner Jesu haben wegen dieser Überzeugung und gegen diese Überzeugung das Gerücht vom Leichenraub der Schüler erfunden und gestreut.

4. Die Evangelien zeigen den Aufgeweckten als körperlich abwesend und unterwegs (Mk.) bzw. als körperlich anwesend und im Austausch mit seinen Nächsten (Mt., Lk., Jh.). Zugleich beschreiben sie ihn als anders, als unirdisch.

5. Die Kirchen übernehmen seit 2000 Jahren die Überzeugung der frühen Gemeinde, allerdings mit einer geänderten Formulierung und Bedeutung: Die ersten Betroffenen bis zu Paulus sprechen aufgrund ihrer visionären Erfahrung von Auferweckung, die Späteren betonen einen körperlichen Vorgang mit dem Wort Auferstehung, so z.B. Ignatius (nach 100) und das Nizänum (325).

6. Dabei bleibt der weggerollte Grabstein unerklärt. Das empfand Matthäus anscheinend als irritierend. Darum hat er eine Erklärung erfunden: ein Erdbeben und einen Engel, der den Grabstein wegrollt. Seine literarische Vorlage weiß nichts von dieser außergewöhnlichen Erfahrung der Frauen, noch greifen die späteren Autoren sie auf. Mit dem „großen Erdbeben" (Mt.28,2) vernichtet Gott den letzten Feind Israels am Ende der Zeit (Hes.38,19). Das Aussehen des Engels „wie der Blitz und … weiß wie der Schnee" (Mt.28,3) nimmt Daniels endzeitliche Menschensohn-Visionen auf (Dan.10,6; 7,9). Mt. benutzt also hier die biblische Bildsprache der Endzeit, um das Geschehene als Endzeit-Ereignis darzustellen.

1. Wir haben die Wahl: Sind wir mit der christlichen Tradition überzeugt, dass Jesus körperlich lebendig das Grab verlassen hat?

Oder sind wir gegen die christliche Tradition überzeugt, dass die Leiche Jesu heimlich beseitigt wurde und seine Gemeinde geglaubt hat, Gott hätte ihn körperlich aufgeweckt? (Die zwei Möglichkeiten waren für sie kaum zu unterscheiden.) Dass sie ihn aber danach als energetisch lebendig erlebt hat, das ist offensichtlich und wohl eine Folge der österlichen Urerfahrung: anscheinend ein visionäres Erlebnis der Maria Magdalena im oder am leeren Grab. Als dritte Wahl bleibt die Überzeugung, wir könnten nicht wissen, was geschehen ist, und wüssten nur vom Glauben der Gemeinde, Jesus sei aufgeweckt. Diese Position verstehe ich als Ausflucht vor den beiden anderen Positionen und als Vernebelung des Geschehenen.

Für mich bleibt als Wahrheit der Nachrichten von Ostern: Das leere Grab Jesu und die Begegnungs-Erfahrungen mit ihm hatten offensichtlich etwas Mitreißendes für die Betroffenen. Der Geist des Rabbi Jeschu wurde in ihnen wach und lebendig. Dieser Lebensgeist hat sie erfüllt, und sie konnten nicht anders, als in seinem Namen diesen Heilungsimpuls für Israel und die Welt nach ihren Kräften gemeinsam weiter zu tragen. Und das versuchen wir bis heute.

## 19. Wer ist dieser?

So fragen ganz verschiedene Leute im Blick auf Jesus: die
Tischgenossen bei einem Pharisäer, die Jünger im Boot auf dem See,
der König Herodes, der von den Wundertaten Jesu hört (Lk.7,49;
8,25; 9,9). Sie reagieren damit auf Ungewöhnliches, was Jesus tut.
Sie fragen sich selbst, ohne eine Antwort zu erwarten, und drücken
damit Staunen, Irritation, aber auch Neugier aus.
Auch andere wollen wissen, wer Jesus ist: Der Täufer lässt bei Jesus
anfragen, ob er der Messias ist. Der antwortet nicht mit Ja oder
Nein, sondern verweist auf die Heilungserfahrungen in seiner Nähe
(Mt.11,3). Jesus will von seinen Jüngern wissen, was die Leute von
ihm denken. Die Antwort heisst: ein auferweckter Prophet, vielleicht
der Täufer.
Und er fragt sie, welche Einschätzung sie selbst haben. Petrus
antwortet: der Messias. Darauf reagiert Jesus ebenfalls nicht mit Ja
oder Nein, sondern er verbietet ihnen streng, mit anderen darüber zu
reden (Mk.8,27-30). Das ist vermutlich ein Hinweis, dass es diese
Überzeugung im Jüngerkreis erst später nach Ostern gab.
Die Besessenen wissen, wer er ist. Die Dämonen fühlen sich bedroht
und schreien es heraus, z.B. „Du bist Gottes Sohn!" (Mk.3,11). Aber
Jesus lässt sie nicht reden, vielleicht zu seiner eigenen Sicherheit.

Die Frage nach Jesus ist geblieben. Als Antwort beschreibt Paulus in
5 Schritten den kosmischen Lebensweg Jesu: göttliches Dasein –
menschliches Dasein – Kreuzigung – Erhöhung – Weltherrschaft.
Daran sollen die Christen sich orientieren, besonders am 2. und 3.
Schritt: indem sie bereit sind zu dienen und zu leiden, so Paulus
(Phl.2,5-11).
Ein anderes wichtiges Dokument zur Frage, wer Jesus ist, entstand
nach langem zähen Ringen 325 beim 1. Konzil in Nizäa: das
Glaubensbekenntnis. Es orientiert sich an den 5 Schritten bei Paulus.
Besonders im 1. Teil, dem himmlischen Dasein Jesu, wird es
ausladend. Dort lag also das größte Interesse und der größte Konflikt.
Im 2. Teil, seinem Dasein als Mensch, wird – wie bei Paulus – nur
die Mensch*werdung* betrachtet, nicht seine irdische Wirksamkeit.

Das bleibt für mich ein erschütternder Befund. Jesus war aufgrund seiner Verbindung mit Gott öffentlich wirksam. Seine Wirksamkeit hat die Bewegung ins Leben gerufen, die von ihm ausging. Und dieses grundlegende Wirken kommt in den zentralen Texten der Kirche – wie bei Paulus insgesamt – mit keinem Wort vor. Das nährt meine Überzeugung: Die Kirchen haben Jesus verlassen. Sie haben den Menschen zu einer mythischen Gestalt gemacht, den Juden Jesus zu einem Gottmenschen.

Christus Pantokrator, Mosaik in der Hagia Sophia, Istanbul 13. Jh.
(https://www.domradio.de/artikel/kritik-der-hagia-sophia-umwandlung)

Am Schluss des Matthäus-Evangeliums (Mt.28,16-20) zeigt sich Jesus als Allherrscher (Pantokrator), ein Gottes-Titel im griechischen „Alten Testament". Der Auferstandene begegnet seinen Jüngern. Die einen huldigen ihm mit Kniefall, andere zweifeln. Ihm ist (von Gott) alle Macht im Himmel und auf Erden gegeben. Er wurde also zum himmlischen Menschensohn der Endzeit (Dan.7,14). Die Jünger sollen alle Völker zu seinen Jüngern machen durch die Taufe, ihnen die Lehren von Jesus weitergeben, und dabei wird er sie immer begleiten. So Matthäus.

Hier sehe ich nicht mehr den armen Wanderer auf den staubigen Wegen Galiläas, sondern den Herrscher von Himmel und Erde in der Apsis unzähliger Kirchen; nicht mehr seinen Wunsch, die verlorenen Schafe Israels zu sammeln, sondern den Auftraggeber für eine Weltkirche, die alle Völker umfasst; ich sehe eine Kirche mit der einen höchsten Wahrheit und einem Herrn, der zu Gott gehört; ich sehe Weltmission, weltweiten Kolonialismus und unendliche innere und äußere Beschädigungen für Mensch und Natur, die aus dieser Herrschaftsvorstellung erwachsen sind. Denn die Nachfolger sehen sich als künftige Mitherrscher, beauftragt zum Endgericht über Israel (Lk.22,29f). Dieses Bild von Jesus und seiner Gemeinschaft haben nach meiner Überzeugung seine Nachfolger entworfen. Wie der wirkliche Jesus auf solche Selbsteinschätzung seiner Jünger antwortet, zeigt eine kleine Episode: Weil Jesus in einem Dorf kein Nachtquartier bekommt, möchten die Jünger es zur Strafe mit Feuer vom Himmel vernichten. Aber Jesus „wandte ... sich um und fuhr sie an" (Lk.9,54f). Das Bild von der herrschenden Kirche galt lange als glaubwürdig. Aber inzwischen merken viele, es dient der Legitimation von Weltherrschaft und hat mit Jesus wenig zu tun. Es wird wohl weiter an Glaubwürdigkeit verlieren, und vielleicht wird dann der wirkliche Jesus überzeugender.

Die Bekenntnisse der Kirche nennen vergangene, gegenwärtige und zukünftige Sachverhalte, die Christen glauben: Er war göttlich – wurde Mensch – wurde für uns gekreuzigt – ist auferstanden – ist Weltherrscher. In dieser Form sind die Aussagen für mich spekulativ, und darum unglaubwürdig. Sie werden mir aber glaubwürdig, wenn ich sie als Metaphern für den irdischen Jesus nehme: Er lebte aus Gott – war ein glaubwürdiger Mensch – handelte mit Hingabe – wirkt weiter – bleibt maßgeblich. Ich vermute, das ist der ursprüngliche Sinn all dieser metaphysischen Aussagen. Wenn ich das starre Ikonen-Gesicht Jesu auf goldenem Hintergrund auflöse in ein lebendiges Gesicht mit bunter Umgebung, dann spüre ich Hoffnung: Ein anderes Leben ist möglich. Seine heilende Gegenwart können wir auch heute in unserer Umgebung erleben, einzeln und gemeinsam, wenn wir uns von seinen Impulsen tragen lassen und ihnen folgen.

## Abkürzungen

<u>Altes Testament</u>
| | |
|---|---|
| Mo. | Mose |
| Jos. | Josua |
| Ri. | Richter |
| Sa. | Samuel |
| Kö. | Könige |

| | |
|---|---|
| Hi. | Hiob |
| Ps. | Psalmen |
| Spr. | Sprüche |

| | |
|---|---|
| Jes. | Jesaja |
| Jer. | Jeremia |
| Hes. | Hesekiel |
| Dan. | Daniel |
| Hos. | Hosea |
| Am. | Amos |
| Mi. | Micha |

<u>Neues Testament</u>
| | |
|---|---|
| Mt. | Matthäus |
| Mk. | Markus |
| Lk. | Lukas |
| Jh. | Johannes |
| Ap. | Apostelgeschichte |

| | |
|---|---|
| Rö. | Römer |
| Ko. | Korinther |
| Ga. | Galater |
| Phl. | Philipper |
| The. | Thessalonicher |

| | |
|---|---|
| L | Luther-Übersetzung |
| Z | Zürcher Übersetzung |
| LXX | griech. Übersetzung der hebr. Bibel |